나쁜 꿈

초판 1쇄 인쇄일 | 2007년 02월 25일   **초판 1쇄 발행일** | 2007년 03월 05일

지은이 | 이지현
펴낸이 | 김양순
펴낸곳 | 느낌이 있는 책
　　　　　주소 경기도 고양시 일산구 장항동 849번지 동양메이저타워 1505호
　　　　　전화 (代)031-932-7474 / 팩스 031-932-7480
　　　　　E-mail 주소 feelbooks@paran.com
　　　　　등록번호 제 10-1588　등록년월일 1998. 5. 16
출판기획 | 강창용　**책임편집** | 조미영 · 이세경
디자인 | 가혜순　**책임영업** | 최강규 · 김영관

꿈이 알려주는 전화위복의 신호

꿈

꿈으로 예언하는 무녀 **다비 이지현** 지음

느낌이 있는 책

꿈이 전하는 경고로 불행을 피한다

꿈은 많은 것을 말해줍니다. 앞으로 일어날 일에 대한 암시를 하기도 하고, 자신의 과거를 돌아보게도 하며, 자신 또는 가족이나 주변 사람들의 신변과 관련한 일을 알려주기도 합니다. 특히 새로운 일을 추진하거나 확장할 계획을 세우고 있다면 당신이 꾼 꿈은 더욱 중요해집니다. 잠시 보류하고 때를 기다릴 것인지, 아니면 좀 더 자신감을 가지고 적극적으로 부딪쳐갈 것인지를 암시하기 때문입니다.

그런데 나쁜 꿈을 꿨다고 해서 모두가 불행을 겪는 것은 아닙니다. 나쁜 꿈은 앞으로 닥칠 불행을 피해 가라는 경고이기 때문입니다. 경고를 무시한다면 꿈이 예견한 대로 불행한 일을 겪게 될 것입니다. 하지만 경고를 잘 받아들여 조심한다면 당신의 미래는 얼마든지 바뀔 수 있습니다.

이 책은 해몽을 보다 찾기 쉽도록 인물, 물건, 동물 등으로 장을 구분하였고 각 장은 가나다순으로 정리했습니다. 또한 다양한 키워드를 이용하여 해몽에 접근할 수 있도록 편집했습니다. 한 예로 '돼지를 팔고 있는 것을 본 꿈'을 꿨다면 〈제4장 동물〉의 '돼지'와 〈제8장 행동·사건〉의 '팔다' 항목에서 원하시는 꿈의 해석을 찾으실 수 있습니다.

머지않아 당신 앞에 커다란 불행이 기다리고 있을지도 모릅니다. 꿈이 전하는 경고의 메시지를 잘 이해한다면 불행을 피해갈 뿐 아니라 오히려 행운을 거머쥘 수도 있습니다. 이제 이 책을 통해 당신의 미래를 당신이 원하는 대로 만들어가시기 바랍니다.

목차

제1장 인물

제2장 신체

제3장 물건

제4장 동물

꿈에 관한 잘못된 기초상식 1 ··· 286
좋은 꿈은 남에게 이야기하면 안 된다?

제5장 식물

꿈에 관한 잘못된 기초상식 2 ··· 298
꿈을 꾼 그날만 조심하면 된다?

제6장 자연

제7장 장소

꿈에 관한 잘못된 기초상식 3 ··· 379
해몽은 꼭 전문가가 해야 한다?
꿈에 관한 잘못된 기초상식 4 ··· 380
돼지꿈, 똥꿈을 꾸면 반드시 재물이 생긴다?

제8장 행동 · 사건

부록 1 – 태몽으로 아이에게 닥칠 불행을 점친다

부록 2 – 꿈에 대한 몇 가지 호기심

제1장

인물

가수

● 가수의 노랫소리가 들리지 않는 꿈

기다리던 소식이 끊어지고, 일의 진행이 더뎌지는 꿈
이다.

강도

● 강도나 도둑이 자신의 목을 조르는 꿈

보석이나 귀중품을 도난당하거나, 가족이나 가까운
친척들이 재난을 당하게 된다.

● 칼을 들고 위협하는 강도에게 쫓기는 꿈

진행하고 있던 일이 장애물을 만나거나 중단되어 어
렵게 된다. 또한 이를 해결하기 위해 동분서주할 징조
의 꿈이다.

거지

● 거지가 된 자신이 다른 사람에게 구걸하는 꿈

다른 사람의 동정을 살 일이 생기거나, 신분이 몰락하

여 집을 팔아야 할 일이 생길 수 있다. 또 남에게 청탁할 일이 생기고, 만약 꿈에서 상대방이 동냥을 해주면 그 청탁이 근심 걱정으로 바뀔 것이다.

● 아는 사람이 거지 옷을 입고 있는 꿈
그 사람이 실제 인물일 경우에는 현실에서 그는 신분이 몰락하거나 고립무원의 불행에 빠지게 될 것이다.

건축가

● 진행하고 있던 공사가 중단되는 꿈
계획했던 일이나 사업에 장애가 생기는 꿈이다. 현재의 계획에 문제가 있거나, 불행한 일이 생기는 꿈이므로 조심하는 것이 좋다.

경비원

● 궁궐 문을 지키고 있는 문지기에게 다가가 말을 건넨 꿈
사고를 당하거나 병에 걸리는 등 신상에 위험이 닥칠 징조다. 궁궐 문이 으리으리하고 장엄할수록, 문지기의

몸집이나 얼굴이 무시무시할수록 더 큰 위험이 따른다.

● 들어가야만 하는 장소에 들어가려는데 경비원이 막
아서 못 들어간 꿈
아무리 열심히 노력하고는 있지만 운대가 맞아 일이
술술 풀려나가기까지는 좀 더 시간이 걸릴 것이다.

● 아파트나 빌딩의 경비원이 손전등을 들고 순찰하는
것을 본 꿈
집이나 사무실에 도둑이 들거나 소매치기를 당할 위
험이 있다. 또는 지갑을 잃어버리거나 돈과 직결된 중
요한 물건을 잃어버릴 가능성도 높다.

● 자기 집에 들어가려는데 웬 낯선 사람이 문지기가
되어 문을 지키고 서 있는 꿈
가족 중 누군가, 특히 가장에게 심각한 우환이 따를
징조다.

경찰

● 경찰관이 자신의 도장을 어떤 문서에 받아 가거나

호출장을 주는 꿈

집안의 누군가 죽는 불길한 꿈이다. 또는
자신이나 집안의 누군가 병들거나 구
속될 일이 생긴다. 군대나 감옥, 병원
에 갈 일이 생길 수도 있다.

● 경찰관이나 군인이 집을 포위하는 꿈

청탁한 일이 성사 직전에 있거나 위험한 사건이 발생
한다.

● 경찰을 피해 도망 다니거나 숨는 꿈

업무상 실수를 저지르고 질책을 받거나, 도덕적으로
잘못된 행동을 해서 주위의 비난이나 손가락질을 받
게 될 징조다.

● 경찰의 검문에 응하고 있는데 경찰이 경찰모를 쓰고
있지 않아서 이상하게 생각한 꿈

소송에 휘말리거나 골치 아픈 사건에 휘말릴 징조다.
공명정대하고 사리에 맞게 일을 처리해나가면서 조심
할 필요가 있다.

● 경찰이 범인을 체포하는 것을 지켜본 꿈

건강에 이상이 있을 수도 있고, 사회생활에 있어서도
위기에 빠질 수 있으니 매사에 조심하는 것이 좋겠다.
체포된 그 범인이 만약 평소에 잘 아는 사람이었다면
그 사람에게 좋지 않은 일이 닥칠 징조다.

● 어떤 위험한 상황에서 경찰에게 도움을 요청하는 꿈

마음이 안정되지 않아 더 큰 어려움에 직면할 수 있다.

● 자신이 경찰에게 연행되어 가는 꿈

경찰이 연행해 가는 것은 자유를 구속하고 신변
에 좋지 않은 일이 생길 것을 의미하므
로 현실에서 곤경에 처하게 될 것이
다. 만약 수갑이 채워진 상태로 끌려
간다면 병에 걸릴 것이다. 현재 병을 앓고 있는 사람이
이런 꿈을 꾸면 죽음을 예시하는 것으로 본다. 다른 사
람이 수갑을 찬 채 끌려가는 것을 보는 꿈은 그 사람이
실제의 사람이라면 그 사람이 병에 걸릴 것을 암시한다.

곡예사

● 서커스 공연 같은 곳에서 줄타기를 하다 떨어지는 것을 보는 꿈

사업이나 시험에서 실패를 하게 된다. 떨어져서 죽은 것을 보았다면 자신에게 닥친 어려운 일이 어떤 기관의 도움을 받아 처리된다.

과학자

● 발명품을 실험하는 꿈

대인 관계에 문제가 생길 수 있음을 암시하는 꿈이다. 주변 사람에게 속거나 배신당할 수 있으니 사람을 조심하는 것이 좋다.

괴한

● 길을 가는데 괴한이 나타나 자기 옷을 빼앗아 간 꿈

하루아침에 일자리를 잃고 실직하게 되거나 직장에서 한직으로 내몰리는 등 직장 생활의 위기가 우려된다. 그동안 방심하고 있었다면 회사에서의 자기 입지에 좀 더 신경을 써야 한다.

● 괴물이나 괴한이 자신의 가슴을 찌르고 심장을 꺼내
는 꿈

귀중한 것, 소중한 사람을 잃게 될 것에 대한 암시다.

● 괴한에게 살려달라고 애원하는 꿈

하는 일이 진퇴양난에 빠질 것이다. 또는 병에 걸리거
나 자동차 사고 등을 당할 염려도 있다. 또한 이런 일
등으로 친지나 가족에게 도움을 요청하게 되면서 주변
에 소문이 나기도 한다.

● 괴한에게 쫓기는 꿈

계획하는 일에 있어 모처럼 좋은 기회를 만나지만 그
기회를 놓쳐버리거나 실패나 좌절감 등을 경험하게
될 것이다. 처녀가 이런 꿈을 꾸면 현실에서 그녀는
어떤 남자가 자신에게 관심을 가져주기를 바라지만
그 뜻을 이루지 못해 실망하게 되기도 한다.

● 괴한의 칼에 허벅지를 찔렸는데 피가 나지 않은 꿈

다리를 다친 것은 사업상의 손실이나 사고를 당할 우
려가 있다.

● 괴한이 칼로 자신의 팔을 찌르거나 칼싸움을 하다가 팔이 베인 꿈

만일 오른팔을 다쳤다면 아버지, 남편, 남자형제, 아들, 사업상 관계된 인물에게 문제가 발생할 조짐이며, 왼팔을 다쳤다면 어머니, 아내, 여자형제, 딸, 애인, 친구, 친지 등에게 문제가 발생할 것을 암시하는 것이다.

● 괴한과 이야기를 하는 꿈

구설수에 오르게 될 것을 암시하는 꿈이다.

● 괴한에게 유괴당하는 꿈

모르는 사람으로부터 사기를 당하거나 구속을 받게 된다. 사고가 생길 것을 암시하는 꿈이다.

군인

● 부상을 당해 쓰러져 있는 군인을 본 꿈

심신이 너무나 많이 지쳐 있는데 계속해서 무리를 하며 억지로 버텨나가고 있는 데 대한 자신으로부터의 경고다. 이 상태가 오랫동안 계속되면 건강에 심각

한 위험을 초래할 수 있다.

● 자신이 군인이 되어 군모나 무기를 잃어버리는 꿈
직책이 강등되거나 직장을 잃을 꿈이다. 또는 사업 파트너나 투자자를 잃게 될 것이다.

● 자신이 군인이 되어 적과 총격전을 벌이는 도중 총에 맞는 꿈
적이 쏜 총알에 자신이 맞으면 계획하는 일이 중단되거나 근심 걱정거리가 생긴다. 때로는 내키지 않는 청탁이나 부탁을 들어주어야 할 일이 생기기도 한다.

귀신

● 귀신이 자기 집 지붕 위에 앉아 우는 꿈
집안의 웃어른이 돌아가시거나 친지들에게 사고가 생기게 되며, 가장의 사업이 실패를 하게 되는 흉몽이다.

● 귀신과 싸우다 진 꿈
큰 사고를 당할 수 있다.

● 귀신이나 도깨비에게 얻어맞는 꿈
교통사고 등의 어떤 사고로 인해 부상을 당하게 되거
나 건강이 나빠질 수 있다.

● 문밖에서 귀신이나 도깨비, 술집 여성 등이
교태를 부리며 들여다보는 꿈
불길한 꿈이다. 집안의 누군가가 병에 걸리
거나 우환이 생긴다.

● 어떤 젊은 여자 귀신이 머리를 산발한 채 달려들어
울거나 깔깔거리며 웃는 꿈
이런 꿈을 꾼 사람은 오랫동안 병을 앓게 될 것이다.

● 붉은 망토를 입은 유령이 자신 앞에서 춤추는 것을
본 꿈
불량배를 만나 이유 없이 매를 맞고 코피를 흘리는 체
험을 하거나, 시비에 휘말려 고통을 당하게 된다.

● 총각귀신이 발가벗고 나타나는 꿈
집안에 우환이 생기거나 가족에게 질병이 생기게 된다.
또 사업에 장애가 생긴다.

● 혼령이 나타나 자신을 어디론가 이끌려고 하지만 도망치는 꿈

자신을 도와주려는 사람의 호의를 거절할 일이 생기는 등 다른 사람의 협조 등을 거부하게 된다.

● 혼령이 춤추는 것을 보는 꿈

사고로 다치거나 시비에 휘말려 신상에 좋지 않은 일이 생긴다.

귀족

● 귀족이 되어 사치하며 사는 꿈

자신의 지갑이 가벼워지는 꿈이다. 소비가 늘어나고 지출이 많아지게 될 것이다. 또는 자신의 허영심을 나타낸다.

기자

● 기자에게 사진을 찍히는 꿈

주변 사람들로부터 자신의 행동이나 말에 대해 지적당하게 될 것을 암시하므로 대인 관계에 신중을 기하

는 것이 좋다.

● 신문기자가 자기 집을 방문하는 꿈
자신의 신상 문제에 대해서 누군가 알려고 하고 있음을 예시하고 있다.

● 신문기자와 인터뷰를 하는 꿈
누군가에게 자신의 약점이나 증거물을 잡혀 자유를 구속받거나 억압을 당하게 될 것이다.

● 자기 자신이 신문사 기자나 잡지사 기자 혹은 방송 매체의 언론가나 기고가가 된 꿈
겉으로 드러나는 자신의 의견이나 생각과는 반대되는 입장이 자신의 내면에 따로 존재하고 있어서 심리적 갈등을 겪고 있다는 것을 보여주는 꿈이다.

● 평소에 잘 알고 지내던 사람이 기자로 나타난 꿈
알게 모르게 그 인물에 대해 껄끄러운 감정이 있다는 것을 보여주는 꿈이다. 겉으로는 잘 지내는 사이라 하더라도 은근히 그 사람을 경계하는 마음이 내재되어

있다. 또는 앞으로 그 사람을 경계하라는 의미이기도
하다.

● 평소 잘 알고 지내던 사람이 기자가 되어 인터뷰하
는 꿈
기자가 된 상대방이 현실에서 자신과의 관계가 소원
해지거나 감정적으로 그 사람과 좋은 않은 관계에 놓
이게 됨을 암시한다.

난쟁이

● 자신이 난쟁이가 되는 꿈
주변 사람과의 관계에 있어서 매우 지
쳐 있음을 암시한다. 현재의 상황을
살펴보고 문제점을 해결할 수 있는
방법을 찾아보는 것이 좋다.

노인

● 노인이 크게 웃는 꿈
주변사람이나 모르는 사람과 시비가 생기고, 구설수

에 휘말리게 된다. 따라서 행동이나 말을 함에 있어
조심하는 것이 좋겠다.

● 주변 사람이 모두 노인으로 변한 꿈
자신의 주변 사람들이 매우 곤란한 상황에 처해 있거
나 고달프다는 것을 암시한다. 또는 건강이 좋지 못함
을 암시한다.

대통령

● 대통령과 한 책상에 마주 앉아 있는 꿈
상관이나 윗사람에게 반항을 하거나 시비를 벌일 일
이 생길 것이다. 혹은 아버지나 그와 비슷한 권위를
가진 사람에게 꾸지람을 듣게 될 것이다.

도깨비

● 괴상하게 생긴 도깨비가 자신을 쫓아와
시비를 거는 꿈
자신의 능력에 비해 벅찬 일이 생기거나, 경
쟁자나 악한에게 시달림을 받게 된다.

인물

● 귀신이나 도깨비에게 얻어맞는 꿈

교통사고 등의 어떤 사고로 인해 부상을 당하게 되거나, 건강이 나빠질 수 있다.

도둑

● 도둑에게 뭔가를 받는 꿈

재물의 손실이 있거나 정신적, 물질적으로 빈곤을 겪게 될 좋지 않은 꿈이다. 사업이나 추진 중인 일이 어려운 상황에 놓이거나 파탄에 이르게 될 것이다.

● 도둑이 들어 곳간에 가득 쌓아놓은 쌀가마니를 몽땅 훔쳐간 꿈

경제적으로 어렵게 된다는 암시다. 주위의 방해로 인해 일을 이루지 못하게 된다.

● 도둑이 들어 신발을 훔쳐간 꿈

남편(아내), 애인에게 다른 연인이 생겨 자신을 배반하고 떠나가게 될 것을 암시하는 꿈이다.

● 자신이 도둑이 되어 남의 집 담을 넘어가다 들켜서 미수에 그치는 꿈

일이 잘될 듯하다가도 어그러져 실패로 돌아가게 된다.

● 집에 도둑이 들어 돈이나 귀중품을 훔쳐 갔는데 그 도둑이 잡혔다고 연락이 와서 도둑맞은 물건들을 도로 찾아온 꿈

실제로 도둑을 맞든가, 어이없이 재물을 잃게 되는 등 공교로운 악재들이 겹쳐 하루아침에 사업이 기울게 된다.

● 흉기를 든 도둑이 방 안에 들어와 협박하는 것을 쳐 다보며 와들와들 떠는 꿈

자기의 뜻에 반하는 의견을 가진 사람이 나타나거나 불안과 고통스런 일이 닥쳐올 것이다. 혹은 병에 걸리 기도 한다. 만약 이때 도둑이 귀중한 물건을 가지고 도망을 가면 자기가 소중하게 여기는 것을 잃어버린다.

돌아가신 부모

● 돌아가신 부모나 조부 등이 갓난아기를 업고 가는

것을 보는 꿈

집안의 가장이나 부모가 질병에 걸리거나, 사업이 난관에 부딪혀 마음고생을 하게 될 것을 예시하는 꿈이다.

● 돌아가신 부모님이 꿈에 나타나 소를 끌고 산속으로 들어가는 꿈

병을 앓고 있는 사람이라면 증상이 악화될 조짐이고, 임산부라면 유산될 암시다. 건강한 사람이라도 건강을 잃게 되고, 그간 이루어놓은 것들을 잃게 될 것이다.

● 돌아가신 부모님이 꿈에서는 살아 계신 상황으로 자신과 함께 아무렇지도 않게 일상생활을 한 꿈

불의의 사고를 당해서 목숨을 잃을 수 있으니 조심해야 한다. 돌아가신 분과 아무런 이상한 느낌도 없이 함께 생활했다는 것은 저승에서의 삶을 암시한다.

● 돌아가신 부모님이 나타나 자신을 데리고 어디론가 가는 꿈

질병에 시달리거나 예기치 않은 불상사가 생길 것이다. 특히 조심해야 할 것은 교통사고. 어떤 사고로 죽을 것을 예시하는 흉몽이다.

● 돌아가신 부모님이나 조상이 눈물을 흘리는 꿈

자신, 혹은 형제들에게 위험이 닥쳐오거나 가세가 기울게 될 것을 예시한다. 사업이 크게 실패하거나 집안에 흉사 등이 있을 수 있다.

● 돌아가신 부모님이나 형제, 친구, 아는 사람과 함께 강을 건너는 꿈

죽음을 암시하는 흉몽이다. 반드시 죽음이 아니더라도 심각한 질병이나 우환을 겪게 된다. 그러나 만일 중도에 그 사람과 헤어져 되돌아왔다면 극적으로 우환을 피할 수 있다.

딸

● 딸이 질병에 걸리는 꿈

사업상에 문제가 생기며 기혼자의 경우 부부 관계가 나빠져서 이혼하게 될 수 있다.

● 죽은 딸이 나타나는 꿈

딸의 모습이 흉측한 경우 사업에 장애가 생기거나 질병이 생기는 꿈이므로 조심하는 것이 좋다.

목사

● 교회 안에서 목사가 성경책을 읽는 것을 보는 꿈
주변이나 자신에게 좋지 않은 말썽거리나 분쟁이 생기거나 우환이 발생하여 근심하게 되며, 손실을 치르게 된다.

목수

● 목공소에서 목수가 일을 하는 꿈
일거리나 작업거리가 태산같이 많아
분주하게 진행되는 꿈이다.

범죄자

● 음식점에서 우연히 본 수배자 전단에 자신의 얼굴이 실려 있어서 깜짝 놀란 꿈
조만간 법률적인 문제에 연루되어 괴로움을 겪게 될 조짐이 있다.

● 자신이 범죄자가 되는 꿈

양심에 거스르는 일이나 변명해야 할 문제, 말썽 등에
연류되어 손해를 보거나 곤경에 빠지게 될 것이다.

법조인

● 법관과 맞절하는 꿈
관청이나 심의기관, 심사기관, 감사
기관 같은 곳에 소청할 일이 생기
는데 일이 잘 받아들여지지 않는다.
문학작품 공모에 응모했는데 떨어지거나, 비자 서류
를 냈으나 비자 발급이 거부될 수 있다.

● 변호사가 여우로 변하여 청산유수처럼 말을 잘하는 꿈
주변의 가까운 사람이나 신뢰했던 사람에게 속거나
이용을 당해서 손해를 보게 되는 것을 암시한다.

● 자신의 사무실에서 변호사와 이야기하는 꿈
거래상의 하자가 발생하거나 골치 아픈 문제가 발생
하게 된다.

● 자신이 변호사와 언성을 높이며 싸우고 있는 꿈

머지않아 금전적으로 큰 손실을 입게 될 징조다. 뜻하지 않은 일에 휘말려 돈, 시간, 경비 등의 손실을 입게 된다.

● 판사 앞에 재판 기록이 전혀 보이지 않거나 분실되는 꿈
실제로 재판에 패소하거나 재판 날이 무기한 연기되기도 한다. 또는 물건을 분실하거나 일이 실패로 끝나게 되기도 하며, 일을 진행함에 있어 실수를 하기도 한다. 구설수에 휘말리게 되니 조심하는 것이 좋다.

부모

● 갓난아기가 된 자신을 어머니가 품에 안고 젖을 먹이는데 유방이 기괴하거나 불쾌하게 느껴진 꿈
행운이라고 믿었던 일이 실속 없이 끝난다.

● 자신이 어린아이가 되어 있었는데, 어머니가 다른 아이를 업고 있거나 안고 달래며 젖을 먹이고 있어서 이상하게 여기거나 기분이 나빴던 꿈

기대에 부풀어 자기 능력을 다 쏟아 붓지만 결과는 남에게 돌아가기 쉽다. 좋은 일 하려다가 엉뚱하게 오해를 사게 되거나 골치 아픈 사건에 휘말릴 수도 있다. 쓸데없이 앞에 나서거나 감정에 휩쓸리지 말고, 냉정하게 손익계산을 해보고 분명히 일 처리를 하는 게 좋다.

● 어머니(혹은 돌아가신 어머니)가 나타나 근심 어린 표정으로 안절부절 어쩔 줄 몰라 한 꿈
꿈 그대로 어머니가 걱정할 만한 일이 생길 징조다. 자신의 앞날에 뭔가 불길한 기운이 드리우고 있다는 얘기다. 조심, 또 조심해야 한다.

● 멀리 떨어져 사는 부모님을 만나는 꿈
부모님의 건강에 이상이 생길 것을 예시한다. 혹은 자신의 신상에 불길한 일이 생길 흉몽이다.

● 버스나 기차가 막 출발하려고 하는데, 어머니가 뛰어오며 자신에게 내리라고 다급하게 손짓을 하는 꿈
현재 하고 있는 일이나 계획하고 있는 일을 당장 그만두라는 강력한 경고로 계속 진행하다가는 큰 화를 당하거나 막심한 손해를 입게 될 것이다.

● 부모님이 여행을 떠나면서 배웅하는 가족들에게 당부를 하거나 손을 흔드는 꿈

결국 돌아올 수 없는 먼 길을 떠난다는 것을 암시한다. 병중에 계신 부모님이라면 더욱 불길하다. 불의의 사고를 당하실 수 있으니 각별히 살펴드릴 필요가 있다.

● 어머니가 노발대발하며 자신에게 화를 내거나 꾸중을 하는 꿈

자신도 깨닫지 못하는 사이에 큰 오류나 실수를 범하고 있다는 것을 알려주고 있는 것이다. 다시 한 번 자신을 돌아보고 긴장하는 것이 좋겠다. 이 꿈을 무시하고 방심하고 있다가는 큰 위험이 닥칠 수 있다.

● 어머니가 화사한 웨딩드레스나 고운 한복을 입은 신부가 되어 결혼을 하는 꿈

어머니에게 심각한 우환이 닥칠 징조로서 큰 병에 걸리거나 돌아가실 수도 있다고 경고하는 꿈이다. 또는 그에 버금갈 정도의 우환이 닥칠 조짐이 있다.

● 자다가 언뜻 깨어 보니 어머니가 머리맡에 서서 자신의 얼굴을 내려다보고 있었던 꿈

어머니의 신상에 좋지 않은 일이 일어날 것을 암시하
거나, 또는 자식인 자신에게 위험이 닥치고 있다는 것
을 예시한다. 어머니와 자신, 둘 다 각별히 주의하는
것이 좋겠다.

● 자신의 어머니가 여러 명의 아이들을 돌보고
있는 꿈
자신의 능력을 인정받지 못해 좌절감에 빠지
게 될 것이다. 구설수에 오르거나 사건에
휘말리게 될 것을 알려주는 경고의 꿈이다.

부부

● 남편(아내)과 심각한 냉전 상태가 된 꿈
남편(아내)의 건강에 심각한 이상이
발견될 징조이므로 하루라도 빨리 병
원을 찾아 진찰을 받아보는 것이
좋겠다.

● 남편(아내)과 함께 마치 연애시절, 혹은 신혼여행 시
절로 돌아간 듯 호화 유람선이나 호텔 등의 고급 레스

토랑에서 즐겁게 식사하는 꿈

이제 돌이킬 수 없을 정도로 부부 사이가 많이 벌어져 있다는 것을 의미한다. 결국 관계가 회복되지 못하고 이혼하게 되기가 쉽다. 만약 평소에 금실이 좋은 부부였다면 사별에 대한 암시라고 본다.

● 남편(아내)이 엄연히 있는데도 자신이 다른 사람과 새로 결혼하는 꿈

대단히 불길한 꿈이다. 남편(아내)과 사별하게 될 가능성이 높다. 남편(아내)에게 뿐만 아니라 꿈을 꾼 자신에게도 위험이 닥칠 수 있다.

● 부부가 서로 맞절을 하는 꿈

부부간에 상처하게 되거나 이혼할 수 있다.

● 부부가 함께 어떤 길을 걷는 꿈

재산상의 손실이 있게 될 것을 예시한다.

● 현재 배우자 대신 다른 사람이 배우자로 나오는 꿈

배우자에게 불륜의 문제가 생겼다는 것을 알려주는 꿈으로, 심지어 배우자와 내연의 관계에 있는 연인이

자신을 몰아내거나 해치려고 하고 있을 것이다. 방심하고 있다가는 어떤 일을 당할지 모른다.

● 자신의 배우자가 다른 사람과 결혼하는 꿈
배우자와의 사별, 이별을 예시하는 흉몽이다.

● 퇴근해 들어온 남편이 술에 취한 것처럼 얼굴이 시뻘게져 있는 꿈
남편의 신상에 위험이 닥칠 것에 대한 경고의 꿈이다. 불의의 사고를 당하거나 심장마비, 뇌졸중 등의 갑작스러운 질환이 우려된다. 또는 느닷없이 실직을 당하거나 사업이 망해 심한 충격을 받게 될 수도 있다. 꿈에서 시뻘건 얼굴로 들어온 남편이 들어오자마자 자리를 깔고 누웠다면 더더욱 심각한 상황에 처할 것이라는 예시다.

부자

● 부자와 사귀는 꿈
이기적인 사람과의 만남을 경고하는 꿈이다.

사기꾼

● **결혼 사기를 당하는 꿈**
애인이나 신임하고 있던 사람에 대한 신뢰가 무너지고 있음을 암시하는 것으로 상대방을 주의하여 살펴보고 신중하게 행동하는 것을 요한다.

● **사기꾼에게 넘어가는 꿈**
생각하지 않았던 것으로부터 문제가 생겨 금전적으로 손해를 보게 된다. 또는 사업의 실패를 암시한다.

● **자신이 사기꾼이 되는 꿈**
주변 사람들과의 관계에서 실수를 하게 될 것이다. 말이나 행동을 주의하는 것이 좋다.

석공

● **석공이 돌로 축대를 쌓는 꿈**
어떤 문제가 생길 것을 암시하는 꿈으로, 문제가 발생하기 전에 준비해두어 사고를 방지하게 하는 예지몽이다.

● 교실에 갔는데 자신의 책상과 의자를 찾지 못해 당황하는 꿈

입시나 취업 승진시험 등에서 떨어진다. 혹은 현실에서 자신의 자리나 위치에 대한 불안감의 표현이다.

● 교실이나 강당에서 선생님의 설명을 듣는 꿈

사업이나 추진하는 일이 난관에 부딪혀 다시 검토하게 된다.

● 선생님이 들판에서 걸어오는 것을 보는 꿈

일이나 사업이 자신의 혼자 힘으로는 풀리지 않으며, 어떤 협조자나 협조 기관의 도움을 받아야만 풀린다.

● 자신이 선생님이 되어 학생들에게 질문을 받는 꿈

자신의 사상이나 이념 등에 반기를 들 사람이 생기게 될 것이다.

● 존경하지 않는 선생님을 보는 꿈

인
물

직장 상사에게 책망을 듣게 되거나 불쾌한 일이 생긴다.

선원

● 선원이 항구의 술집에서 술을 마시는 꿈
주변 사람들에게 좋지 않은 소리를 듣
거나 웃어른으로부터 꾸지람을 듣는
꿈이다. 또는 남의 유혹에 넘어가 사
기를 당할 것을 암시하는 꿈이다.

● 접대부를 손으로 더듬는 선원의 꿈
자신이 배의 선장이라면 배의 기물이 파손되는 꿈이다.
일반적으로는 다른 사람들과 다투게 되는 꿈이니 말
과 행동을 조심해야 할 것이다.

소방수

● 소방수를 본 꿈
가세가 기울게 되거나 사업이 내
리막길을 향하게 되는 등 좋지 않은
일을 예시한다.

● 소방관과 이야기하는 꿈

사고를 당할 수 있음을 암시하는 경고의 꿈으로 행동을 조심하는 것이 좋다.

손님

● 멍석 위에 손님들을 모아놓고 분주하게 뭔가를 의논하는 꿈

집안에 복잡한 문제가 생겨 정신적으로 고통을 당할 일이 있으니 주의해야 한다.

● 손님을 초대하여 떠들썩하게 잔치를 벌여 춤추고 노는 꿈

좋지 않은 일이 생길 것을 암시하는 것이다.

● 손님을 위해 요리를 하는 꿈

주변 사람들에게 관심을 받고 싶거나 이성으로부터 사랑을 받고 싶은 욕망을 상징하는 꿈이다.

수녀

● 자신이 수녀원에 들어간 꿈

꿈에 자신이 수녀원에 들어가는 것은 학교,
회사, 교도소 등에 갈 일이 생긴다는 의미다.
또는 자기의 작품이나 일거리가 당국으로부
터 심사를 받게 될 징조다.

스님

● 남자가 갑자기 비구니나 수녀로 변하는 꿈

갑작스런 장애가 생겨서 사업에 실패가 생기는 꿈으로,
계획에 차질을 빚게 되어 곤란한 상황이 생김을 암시
한다.

● 비구니가 검은 개를 데리고 자기 집 마당을 돌고 있
는 꿈

부하직원이나 고용인, 아랫사람 등으로부터 배반당할
일이 있을 것이다. 혹은 보증 선 것이 잘못되어 낭패
를 보게 된다.

인물

● 스님과 우연히 마주쳤는데 스님이 자신에게 합장을 하고 묵묵히 멀어져 간 꿈
건강을 잃거나 사고를 당해 몸이 다칠 것에 대한 예시다.

● 스님의 설법이나 목사님의 설교를 듣고 있는 꿈
집안에 우환이 생기거나 재물을 잃게 된다.

● 스님이 목탁을 두드리며 불경을 외우고 있는 꿈
인간관계에 있어서 곤란한 입장에 놓이거나 사업상 난관에 부딪칠 징조다. 남의 일에 참견하거나 무리한 사업 확장은 당분간 삼가는 것이 좋다.

● 스님이 자기 집으로 들어오거나 자기 집 쪽으로 걸어오는 꿈
가족 중에 누군가가 병을 얻게 되거나 우환이 생길 징조다.

● 자기 앞에 있던 불상이 비구니(여승)로 변하는 꿈
갑작스런 사고를 당하거나 뜻하지 않은 일로 인해서 갑자기 모든 것이 물거품이 될 아주 불길한 꿈이다.

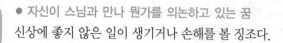

인물

● 자신이 스님과 만나 뭔가를 의논하고 있는 꿈
신상에 좋지 않은 일이 생기거나 손해를 볼 징조다.

● 자신이 파계승과 어울려 다니는 꿈
천박한 사람이나 건달, 좋지 않은 일을 하는 사람들과
관련을 맺을 일이 생긴다.

● 파계승이 사복을 입고 있는 것을 보는 꿈
천박한 사람을 만나 곤란한 상황을 맞게 된다.

시체

● 갑자기 불어난 시체가 커지면서 자신을 쫓아와서 공
포에 떠는 꿈
사업이 어려워져 많은 빚을 지게 된다. 이로 인해 생
활고에 허덕이게 된다.

● 길 한가운데 붕대로 감은 시체가 놓여
있는 것을 보고 무서워 도망치는 꿈
불길한 일을 예시하는 꿈이니 특별히 조
심해야 한다. 교통사고 등의 역상을 당

하고, 간신히 죽음을 면하게 된다.

● 누군가의 시체를 자기 집 근처에 묻는 꿈
어떤 소중한 물건이나 돈을 다른 사람 몰래 감출 일이
생기거나 비밀이 생기게 된다.

● 눈으로 보지 못하지만 방 안에 시체가 있다는 의식
이 있는 상태에서 시체 썩는 냄새를 맡은 꿈
다른 사람의 사업이 잘되는 것을 보기만 할 것이다.

● 시신을 앞에 두고 누군가와 서로 마주 보며 우는 꿈
유산이나, 재산, 사업 자금 등을 놓고 상대방이 자기
를 돕는 체하면서도 다른 꿍꿍이를 가지고 있음을 암
시하는 꿈이다.

● 시체가 되살아나는 꿈
계획했던 일이 무산될 것이다. 사업에 있어서
는 기껏 진행시킨 일이 다시 원점으로
돌아갈 것이고, 남녀 관계는 진척이
보이지 않을 것이다.

● 시체를 관에 넣어 태운 후 재만 남은 꿈
융성했던 사업이 기울어지게 될 것이다.

● 우연히 보게 된 송장이 무서워서 도망치는 꿈
횡재할 기회를 눈앞에서 놓치거나, 자신의 힘으로 이룩해놓은 일이 다른 사람의 공으로 돌아가게 된다.

● 자기가 죽인 시체를 땅에 묻는 꿈
어떤 일을 깨끗이 처리하거나, 감추어야 할 일이 생길 것을 암시한다.

● 자신의 집 안에 있는 시체를 내다버리는 꿈
모처럼 얻을 일의 성과가 무용지물이 되거나, 재물을 잃게 된다.

신랑신부

● 신랑신부가 서로 바라보고 맞절을 하는 꿈
좋지 않은 꿈이다. 하는 일마다 꼬이기만 한다. 모든 게 뜻대로 풀리지 않는다.

● 신부가 환하게 웃고 있는 꿈

친한 친구가 먼 곳으로 떠나거나 이사를 하게 되고, 기다리던 사람은 오지 않게 된다.

● 신부의 드레스가 더러워지는 꿈

배우자와 다툼이 생기거나 주변 사람들과 사이가 나빠지므로 행동을 조심하는 것이 좋다.

신적인 존재

● 하느님, 부처님, 신령님 등 신적인 존재가 불호령을 내리면서 자신을 때리는 꿈

어깨나 등, 엉덩이 등을 한 대 얻어맞거나 가볍게 머리를 쥐어박힌다 하더라도 어쨌거나 그 상황이 신에게 야단을 맞는 상황이라면 좋지 않은 예시라고 본다. 자신에게 우환이 닥칠 것이라는 엄중한 경고다. 도처에 위험이 도사리고 있으니 매사에 근신하며 조심해야 할 것이다. 병을 얻게 될 가능성도 높다.

● 하느님, 부처님, 신령님 등 신적인 존재가 상을 차려 놓고 자신에게 먹으라고 해서 밥을 먹은 꿈

좋지 않은 꿈이다. 신에게서 밥상을 받고 밥을 얻어먹는 꿈은 일이 꼬이고 막혀서 마음에 근심이 생길 것을 암시하는 꿈이다.

● 하느님, 부처님, 신령님 등 신적인 존재가 자기 집에 있던 물건을 가지고 나가는 꿈
그것이 어떤 물건이든 신이 집 안의 물건을 밖으로 내가거나 가지고 사라져 버리는 꿈은 좋지 않다. 사업이 잘못되거나 사기를 당하거나, 도둑이 들어 재물을 잃게 되며, 또는 뜻하지 않은 사건이 일어나서 수습하느라고 시간과 재물을 소비할 수도 있다.

● 하느님, 부처님, 신령님 등 신적인 존재가 자신을 데리고 어디론가 가는 꿈
병중에 있는 환자라면 이승을 떠날 때가 되어 저승으로 인도한다는 뜻으로 해석할 수도 있다.

쌍둥이

● 쌍둥이를 낳았는데 한 아이는 잘 생기고 한 아이는 못생긴 꿈

동시에 진행하던 두 가지의 일이 있는 경우 하나는 좋게 되고 하나는 실패를 보게 될 것이다.

● 주변에 쌍둥이가 있는 꿈

꿈에 나타난 사람이 쌍둥이 형제가 있는 경우 그 사람으로부터 배신을 당하거나 그로 인해 실패를 보게 될 것이다.

아기

● 갓난아기가 똥오줌을 싸는 꿈

좋지 않은 일이 기다리고 있음을 암시하는 꿈이다. 믿던 사람에게서 불쾌한 일이나 재수 없는 일을 당하게 된다. 똥오줌을 보고도 치우지 못한 채 깼다면 싸움을 하거나 망신을 당하게 될 것이다.

● 갓난아기가 모여 있는 것을 보는 꿈

성욕을 억제할 수 없어 괴로워하거나 어려운 일이 잇달아 생길 것을 예시한다.

● 갓난아기가 자기에게 붙어 떨어지지 않으려고 하는 꿈
무슨 일을 하든 어려움이 따르게 될 것이다. 또한 근
심 걱정이 떠나지 않는다.

● 갓난아기를 때리거나 상해를 입히고 불안한 마음이
드는 꿈
걱정거리가 더해진다.

● 갓난아기를 업고 여행을 하는 꿈
사업이나 추진 중인 일, 그 밖의 일이 험한 여정을 걷
게 되어 고통을 당하게 될 것을 예시한다.

● 남자가 알몸의 갓난아기를 쓰다듬는 꿈
한마디로 재수 없는 일에 맞닥뜨릴 꿈이다. 이와 비슷
한 꿈으로 여자가 갓난아기를 안고 있는데 남자가 다
가와 귀엽다고 쓰다듬거나 갓난아기를 어르는 꿈을 꿨
다면, 불쾌하고 재수 없는 일이 기다리고 있을 것이다.

● 부모나 조상 중 누군가가 갓난아기를 업고 걸어가는
것을 보는 꿈
집안의 가장이나 어른, 직장 상사 등이 병에 걸리거나

사업이 어려워진다.

● 어떤 여자가 갓난아기를 업고 자신을 따라오는 꿈
사업이나 추진 중인 일에 대해서 누군가 시비를 걸면
서 방해할 것을 예시한다.

● 우는 갓난아기를 달래는 꿈
걱정거리가 생길 꿈이다. 동정 또는
사랑의 마음 때문에 결심이나 마음이
흔들려 해를 자초하게 된다.

● 홀가분하게 걷고 있었는데 문득 깨닫고 보니 등 뒤
에 갓난아이가 업혀져 있었던 꿈
우환이 따라붙을 징조다. 사업이나 건강, 일상생활 모
든 면에서 조심하는 것이 좋겠다.

애인

● 길을 걷다가 자꾸만 누군가 따라오는 것 같아 겁을
먹고 한참을 도망쳤는데, 나중에 알고 보니 자기 애인
이었던 꿈

자신의 내면에 잠재해 있던 애인에 대한 거부감이 나타난 꿈으로 표출된 것이다. 이런 꿈을 반복해서 꾼다면 애인과의 관계를 다시 한 번 재고해보는 것이 좋겠다.

● 애인과 관계된 물건, 즉 애인이 늘 쓰던 물건이나 애인이 선물해준 물건 등을 잃어버려서 열심히 찾았지만 끝내 찾지 못하는 꿈
애인을 잃게 될까봐 전전긍긍하는 자신의 조바심이 반영된 꿈이다. 결국 애인과 헤어지게 될 가능성이 높다.

● 애인과 다정하게 포옹을 하고 있다가 문득 얼굴을 보니 갑자기 섬뜩하고 무섭게 느껴졌던 꿈
애인에게 다른 새로운 연인이 생겨 자신과의 사이가 결국은 멀어지게 될 암시다. 그것이 아니라면 애인의 신상, 특히 건강에 좋지 않은 일이 발생하여 근심에 휩싸이게 될 징조다.

● 애인과 성관계를 가지는 꿈
실제로는 아직 그렇지 못한데 꿈에서만 애인과 성관계를 가졌다면, 꿈과는 반대로 애인과 싸우지 않도록 주의해야 한다. 둘 사이에 오해가 생길 수도 있고 관

계가 불편해지거나 멀어지게 될 수도 있으므로 일단
은 한발 물러서서 양보하고 이해하려는 태도가 필요
하다.

● 애인과 즐거운 시간을 보내며 행복해하는 꿈

애인과 다투고 마음 상할 일이 생기거나 다른 누군가
의 개입으로 인해 오해가 생겨서 애인
과의 사이가 벌어지게 된다. 그렇지
않다면 애인이 변심할까 봐 불안하고
초조해하는 잠재의식이 반영된 꿈이다.

● 애인이 강물에 빠지거나 수렁에 빠져 점점 가라앉으
며 살려달라고 애원하는데, 다리가 말을 듣지 않아 이
러지도 저러지도 못하는 꿈

애인이 실제의 인물이라면 병에 걸리거나 곤경에 처
할 것이다. 반면 그 애인이 일을 상징한다면 현실에서
그 일은 이미 어려운 처지에 놓여 있거나 모함에 빠져
있는 상태다. 만약 꿈에서 애인을 구해낸다면 근심 걱
정이 생길 것이다.

● 애인이 산발을 하고 선혈이 낭자한데 자기에게 가까

인물

이 다가오는 꿈

자신의 신변에 위험이 닥쳐올 것을 암시하는 꿈이다. 그러나 그 애인을 무표정하고 무자비하게 대하거나 그 애인이 멀어져 가면 오히려 전화위복으로 대길하게 된다.

● 애인이 저만치 있는데 아무리 이리 오라고 소리치고 불러도 오히려 점점 더 멀어져 가는 꿈

현실에서 애인과의 관계나 자신의 일이 뜻대로 되지 않음을 암시하는 꿈이다.

● 연인과 다정하게 포옹을 하는 꿈

연인과의 관계가 악화되고 있거나 불안한 상태에 놓여 있음을 나타내는 것이다.

● 연인과 손을 잡고 뛰는 꿈

꿈속의 연인이 실제 인물이라면 불가피한 이유로 급하게 결혼을 하지만 불안해질 것이다. 또 연인이 사업이나 직업, 일 등의 동일시라면 동업자와의 일이 급하게 추진되기는 하지만 불안한 상태가 될 것이다.

● 자기의 애인을 다른 여자가 데리고 가버리는 것을
분노를 느끼며 바라보는 꿈
일에 방해자가 생겨 뜻대로 되지 않을 것이다.

● 전쟁이 일어나 전쟁터에 나가게 된 애인에게 매달리
며 서럽게 우는 꿈
영영 못 보게 될지도 모르는 이별을 의미한다.

약사 · 의사

● 눈에 이상이 있어서 안과를 찾아간 꿈
이성적 판단력이나 통찰력이 흐려져 있어 혼란스러운
상태이므로 이런 꿈을 꾸고 난 후에는
될 수 있으면 중요한 결정을 내리지
않는 것이 좋다. 계약을 할 일이 있어
도 잠시 뒤로 미루는 것이 좋다.

● 약사가 조제실에서 약을 조제하고 있는 것을 본 꿈
건강에 이상이 있다는 신호로 받아들여야 한다.

● 의사가 진단서에 병이 있다고 진단을 내리는 꿈

직장 상사로부터 문책을 당하게 될 것이다.

● 자기가 의사가 되어 환자에게서 병세에 대한 설명을
듣는 꿈

다른 사람의 사업이나 일로 고민할 일이
생긴다. 환자가 일거리나 사업을 상징
하는 것이라면 그 일에 대해 다시 한
번 생각해봐야 할 일이 생기게 된다.

● 전염병에 걸려 누워 있는 자신에게 의사가 나을 거
라고 하면서 약을 주기에 받아먹는 꿈

사업이나 일을 정리하게 될 것이다. 꿈에서는 약을 받
아먹지 않는 것이 좋다.

● 길을 가는데 낯선 어린애가 자꾸만 졸졸
따라오는 꿈

꿈에 나오는 낯선 아이는 불길한 징조다.
아무리 애를 써도 끈질기게 괴롭히는 문
제가 생기게 된다.

● 놀이터나 유치원 등에 아이들이 모여서 놀고 있는 것을 바라보고 있었던 꿈

가정에 우환이 닥치거나 사업이 난관에 부딪힐 것을 암시한 꿈이다.

● 누워 있는 자신의 가슴이나 배 위에 어린아이가 올라타 놀고 있거나 잠들어 있는 꿈

골치 아픈 문제나 짐을 떠안고 있다는 것을 보여주는 꿈이다. 열심히 일을 해도 성과가 없고 힘만 드는 것은 바로 자기가 떠안고 있는 그 짐 때문이다.

● 미친 여자가 아이를 업고 쫓아오는 꿈

큰불이 나거나 사고가 생길 수 있으니 주의해야 한다.

● 어린 자녀를 야단치며 손으로 때리는 꿈

자녀에게 좋지 않은 상황이 닥칠 것에 대한 경고다. 아이에게 각별한 신경을 써서 교통사고나 안전사고를 미연에 방지해야겠다.

● 어린아이가 다치거나 병이 들어 아파하는 것을 안타까워하며 지켜보는 꿈

꿈속의 아이가 자기 자녀인 경우에는 그러한 사고나 질병을 미리 예시한 꿈일 수 있으니 조심해야 한다. 미혼이거나 자식이 없는 사람의 경우에는 추진하고 있는 일이 난관에 부딪치게 될 것이다.

● 여자아이를 안아주는 꿈
좋지 않은 의미에서 사람들의 입에 오르내리고 불길한 일이 생길 것을 예시한다.

● 우는 어린애가 나타난 꿈
꿈속의 우는 어린아이는 바로 자기 자신의 모습이다. 일이 난관에 부딪쳐 어려움을 겪게 될 징조다. 자기 자신은 그 일을 해결해나갈 능력도 자신감도 없기 때문에 난감한 지경에 처하게 된다.

● 자신이 아이와 함께 즐겁게 놀아주고 있는 꿈
그것이 실제로 자기 자녀였다면 자녀에게 좋지 않은 일이 닥칠 것을 암시한 꿈이다. 꿈속에서 자녀가 깔깔거리며 즐거워하면 할수록 위험도 크다. 만약 미혼인 사람이나 자식이 없는 사람이 이런 꿈을 꾸었다면 아무 책임이 없는 어린 시절로 돌아가고 싶다는 도피 심리가 반영된 것이다.

● 자신이 어린아이가 되어 울고 있는 꿈
앞으로 닥쳐오게 될 힘든 상황을 미리 예시한 꿈이다.

● 전쟁고아같이 몰골이 초라하고 헐벗고 굶주린 어린 아이가 나타난 꿈
운세가 하향곡선으로 접어들었다는 암시다. 현상 유지를 하는 편이 모험을 감행하는 것보다 낫다.

● 팔이나 다리가 불편하다든지 얼굴이 정상이 아닌 어린아이가 나타나는 꿈
추진하고 있는 일이 갑작스러운 난관에 부딪치게 될 징조다. 결국 일은 실패로 돌아갈 것이다.

● 잠옷 차림의 아이들을 본 꿈
애인으로부터 배신을 당하게 되거나, 그동안 공을 들였던 사랑이 이루어지지 못하고 깨지고 만다.

● 화재가 나서 아이가 불길에 휩싸여 죽는 것을 보고
도 어쩔 줄 몰라 발만 동동 구르고 있었던 꿈

그동안 잘되던 일이 갑자기 난관에 부딪혀 하루아침
에 모든 것을 잃게 될 우려가 있다. 재산뿐만 아니라
불의의 사고로 목숨을 잃거나 크게 다칠 수도 있다.

여러 사람

● 마치 무슨 데모를 하듯 큰길을 가득 메운 수많은 사
람들의 무리가 지나가는데, 길가에서 구경하던 자신이
어느새 그 무리에 휩쓸려 들어가는 꿈

이득도 실속도 없는 일에 어영부영하다가 휩쓸리게
되어 매우 난처한 입장에 빠지게 될 것이다. 자신의
입장을 분명히 하고 남의 말에 이리저리 흔들리지 않
도록 확고한 태도를 가지는 것이 필요하다.

● 많은 사람들이 정렬한 행진 대열의 선두에 자신이
서 있는 꿈

여기서 많은 사람들은 현실의 동지나 동업자, 경쟁자,
일의 어려움 등을 의미한다. 따라서 이 꿈은 앞으로
닥쳐올 일이 자신의 힘에 버겁다는 것을 암시하는 꿈

이다. 만약 행렬의 맨 뒤에 서 있는 꿈이라면 어떤 일
이 무난히 해결될 수 있음을 의미한다.

● 여러 사람이 떠들썩하게 웃었던 꿈
많은 사람들의 비웃음을 사거나 구설수에 오르게 될
징조이므로 조심하는 것이 좋다.

연예인

● 배우가 무대에서 알몸으로 춤추는 것을 바라보는 꿈
배우와 동일시되는 어떤 사람이 자신의 신분이나 과거,
실수, 죄상 등을 하나하나 끄집어내면서 시비를 걸어
올 일이 있을 징조. 따라서 시빗거리나 싸움은 피하
여 보신을 하는 것이 좋다.

● 자신이 유명 연예인의 연인이 되어 키스를 하거나
애무를 하는 꿈
결혼한 사람이라면 현재 자신의 배우자 외에 다른 누
군가를 마음에 두고 떳떳치 못한 생각이나 행동을 한
경우에 이런 꿈을 꾼다. 미혼이라면 좋아하는 사람과
의 관계가 도덕적으로 떳떳치 못한 경우다. 말하자면

상대가 유부남이나 유부녀, 혹은 자신과 아주 가까운 사람의 애인 등 사랑해서는 안 될 사람이어서 일종의 죄의식을 가지고 있을 때 이런 꿈을 꾼다.

● 군중들 속에서 연설을 하던 유명인과 악수를 하는 꿈
별 실익도 없는 일에 휘말려 몸 고생, 마음고생을 하게 된다. 또는 다른 사람에 막혀 사회 진출에 어려움이 생기게 된다.

왕·왕비

● 왕이나 대기업 총수 등의 지위가 높은 사람에게 받은 선물이나 관복, 임명장 등을 잃어버리는 꿈
지금까지 쌓아온 부와 명예, 혹은 아버지나 할아버지 세대부터 탄탄히 일으켜온 가업이 하루아침에 몰락하게 될지도 모른다는 암시다. 평생을 몸담아온 자리에서 명예롭지 못하게 물러나게 되거나 그 명예가 땅에 떨어질 수 있으므로 주의해야 한다.

운동선수

● 많은 운동선수가 모여 있는 꿈

싸움이나 시비, 돌발적인 사고, 특히 교통사고 등을 당할 수 있다. 또는 내장 계통의 이상이나 병의 암시를 하고 있는 경우도 있으므로 조심해야 한다.

요리사

● 자신이 만든 요리가 맛이 없는 꿈

애인과의 사이에 다툼이나 문제가 생겨서 사이가 나빠지는 꿈이다.

적군

● 적군에게 쫓겨 도망치는 꿈

병에 걸리거나 어떤 일을 끝맺지 못하고 고통을 받을 것이다.

● 전쟁을 하는 중에 적군을 한 사람도 죽이지 못하는 꿈

사업이나 추진 중인 일이 순조롭게 처리되다가 어떤

난관에 부딪히면서 어려운 상황에 빠지게 된다.

정원사

● 정원사가 손질한 정원이 보기 흉한 꿈
좋지 않은 일이 생기게 되는 꿈으로
건강을 조심하는 것이 좋다.

정치인

● 정치인과 이야기를 나누는데 홀대를 당하는 꿈
평소 자신에 대한 평가가 좋지 않았거나 스스로에 자
신의 성격이나 행동에 문제가 있음을 암시하는 꿈이다.

● 정치인이 신을 찾는 꿈
윗사람에게 건의 할 일이 생기거나 주변의 의견을 수
렴해야 하는 일이 생기게 될 꿈이다.

조부모

● 돌아가신 부모님이나 조상이 눈물을 흘리는 꿈

자신, 혹은 형제들에게 위험이 닥쳐오거나 가세가 기울게 될 것을 예시한다. 사업이 크게 실패하거나 집안에 흉사 등이 있을 수 있다.

● 돌아가신 조상이 자신을 쓰다듬는 꿈

흉몽이다. 흉사가 생기거나 질병에 걸리게 된다. 가족 중 누군가를 쓰다듬는 꿈이었다면, 가족 중 누군가가 중병에 걸리거나 사망하고 집안에 흉사가 생길 것이다.

● 돌아가신 할머니나 할아버지가 살아 계신 상황으로 자신을 데리고 함께 나들이를 하려고 한 꿈

불의의 사고나 질병으로 죽게 되거나 못지않은 우환이 닥친다는 경고의 꿈이다. 여행을 하거나 무리한 일을 계획 중이었다면 일단 보류하고 집에 있는 것이 좋겠다.

● 돌아가신 할아버지가 밭에서 일을 하고 있는 꿈

자신의 생활을 돌아보라. 이러한 꿈은 자신의 현재의 생활이 방탕하므로 절제가 필요함을 경고하는 꿈이다.

● 돌아가신 할아버지가 생전에 예뻐하던 손자를 어루
만지는 꿈
꿈속의 그 손자가 병들게 된다. 만약 할아버지가 손자
를 업거나 밖으로 데리고 나가면, 머지않아 손자가 죽
을 것이다. 할아버지 대신 죽은 조상이어도 마찬가지다.

● 돌아가신 할아버지나 할머니가 자신에게 무슨 말을
하려고 한 꿈
자신이 꼭 알아야 할 일, 미리 알고 조치하거나 조심
해야 할 어떤 일이 있다는 의미다. 꿈속에서 조상이
어떤 말이나 행동, 표정을 보여주었는가 잘 생각해보
고 매사에 조심하도록 한다.

● 돌아가신 할아버지나 할머니가 즐거워하면서 자신을
데리고 어디론가 가려고 하는 꿈
구설수에 휘말리게 되거나 뜻밖의 사고를 당할 수 있
다. 혹은 죽음이나 어떤 우환이 일어날 수 있으니 조
심해야 한다.

● 조상이 집을 나가는 꿈
살림이 궁색해진다.

● 할머니(할아버지)가 오셔서 반갑게 맞았는데 근심이
가득한 얼굴로 자신을 쳐다보고 있었던 꿈
집안 식구들 중 누군가의 신변에 위험이 드리우고 있
음을 알려주는 꿈인 것이다.

● 할아버지(할머니)가 주머니나 보퉁이 속에서 뭔가를
꺼내 자신에게 건네주는 꿈
잔뜩 기대를 했는데 막상 받고 보니 별 게 아니어서
몹시 실망했다면, 기대를 걸고 투자했던 일이 실패로
돌아가 손해를 입게 된다.

죄수

● 투옥되어 있던 죄수가 출옥하는 꿈
신변에 좋지 않은 일이 생기게 되는 것을 암시한다. 실
제로 투옥된 사람의 경우에는 형벌이 감형되는 꿈이다.

죽은 사람

● 문밖에서 죽은 아내와 마주 보고 있는 꿈
혼사나 집안일에 있어 딸이 반항, 반대하여 일이 틀어

진다. 또는 집안일에 있어 인척들이 반대한다.

● 죽은 사람이 음식을 차려놓고 자신에게 대접한 꿈
죽음, 질병, 우환 등을 예시하는 대단히 나쁜 꿈이다.

● 현실에서 이미 죽은 사람이 옆에 살아 있는 것을 보
는 꿈
과거에 일을 함께 추진하다가 사이가 벌어져 헤어졌
던 사람을 다시 만나 난관에 부딪히게 된다.

직장 동료

● 동료가 백발이 된 것을 보는 꿈
자신은 편안하지만 상대방이 고달픈 일을 하거나 고
달픈 상황에 놓여 있음을 나타내는 꿈이다.

● 동료와 함께 서류를 처리하는 꿈
잘 풀리지 않던 곤란한 일들이 주변 사람들의 도움으
로 서서히 해결이 된다. 참고 견디면 앞으로 희망이
생기게 된다.

● 여자 동료나 여자 부하직원의 얼굴에 수염이 나 있어서 깜짝 놀란 꿈

수염이 나 있었던 그 직원으로 인해서 자신이 위기에 빠질 수 있다는 예시다. 업무상의 실수를 자신에게 뒤집어씌울 수도 있고 자신의 업적을 가로챌 수도 있다. 모함을 하거나 함정에 빠뜨릴 수도 있다.

직장 상사

● 누군가에게 절을 하는데 상대방이 절을 받지 않거나 외면하는 꿈

현실에서 그 상대방과 동일시되는 직장 상사나 윗사람, 존경하는 사람 등에게 청탁을 하지만, 잘 받아들여지지 않아 불쾌한 일을 겪게 될 징조다. 혹은 사업이나 일이 난관에 부딪히게 될 것이다.

● 직장 상사가 자신에게 까다롭고 어려운 업무, 또는 과중한 업무를 맡겨서 걱정하던 꿈

거절하기 어려운 청탁이 들어오거나, 가까운 사람으로부터 빚보증 등을 부탁 받아 이러지도 못하고 저

러지도 못하는 곤란한 상황에 빠지게 될 암시다. 이러한 상황이 벌어지기 전에 먼저 단호하고 이성적으로 일을 처리하여 입장을 분명히 해두는 것이 좋다. 다시 말해 이런 꿈을 꾸고 난 후에는 누구로부터 선물이나 돈을 받는다든지 융숭한 대접을 받을 일이 있을 때 먼저 신중히 고려해보고 응하는 것이 좋다.

● 직장 상사와 단 둘이서 이야기를 나누는 꿈
회사 내에서 억울하거나 부당한 대우를 받는다든지, 원치 않는 소용돌이에 휘말리게 될 조짐이 있다.

창녀

● 자신이 창녀를 사는 꿈
사업이나 진행하고자 하는 일에 있어서 다른 사람들의 참견이 많아지게 될 것을 암시한다.

천사

● 나이가 많거나 중병을 앓고 있는 환자가
자신을 찾아온 천사를 따라가서 하늘나라

를 보게 되는 꿈
죽음이 임박해 있음을 의미한다.

● 천사가 와서 하느님이 부른다며 자신을 데려가는 꿈
병든 사람이나 나이 많은 노인들이 이런 꿈을 꾼다면
병이 중해지거나 죽음이 임박했음을 암시하는 것이다.

철도원

● 철도 건널목에서 역무원이 붉은 신호기를 흔들어 보
이는 꿈
위험을 알리는 것으로 질병이나 우환이 생기게 되므
로 주변을 살피는 것이 좋다.

● 자신이 역무원이 되는 꿈
주변 사람들로부터 좋이 않은 평판을 얻거나 질병이
생기게 될 것을 암시한다.

친구

● 오래전부터 아는 친구가 나타나 어려움을 호소하며

동정을 구하는 꿈

가족들 중 누군가가 질병에 걸릴 수 있으므로 조심해야 한다. 혹은 연인과의 사이에 뜻밖의 일이 생겨 당황하게 되거나, 공과 사를 분명히 하지 못해 낭패를 볼 수 있다.

● 친구가 남루한 옷을 입고 있는 것을 보는 꿈

현실에서 그 친구의 학식이나 능력이 보잘 것 없음을 나타낸다. 혹은 그 친구가 실직 상태, 고독한 상태에 놓여 있다는 의미하기도 한다.

● 친구로부터 충고나 조언을 듣는 꿈

자신이 모르고 있는 동안 상대나 혹은 조직 속에 배신자가 흉계를 꾸미기 쉽다. 누군가의 유혹이나 어떤 속임수를 조심해야 한다.

● 친구와 낯선 곳에서 다정하게 이야기를 나누는 꿈

친구와 사이가 나빠지거나 싸우게 될 것을 예시한다.

● 친한 친구와 말싸움을 하는 꿈

직장인은 업무로 인해 곤란한 입장에 빠지게 되거나

공연한 구설수에 휘말려 정신적인 고통을 당하게 된다.

● 평소 미워하던 친구를 만나는 꿈
질병에 걸릴 것을 암시하므로 주의해야 한다.

해녀

● 해녀가 자맥질하는 것을 지켜보고 있는데, 물속으로
들어가기만 하고 나오지 않아 걱정한 꿈
뭔가 일이 잘 풀리지 않거나 신상에 좋지 않은 일이
닥칠 불길한 징조다.

형사

● 형사가 다른 누군가를 미행하고 있는 것을 본 꿈
자신의 떳떳치 못한 행동에 대해 양심의 가책을 느끼
고 있다는 것을 의미한다. 또한 자신의 그러한 행동이
주위에 폭로될까 봐 전전긍긍하고 있다는 것을 보여
주는 꿈이다.

● 형사가 자기 집 안을 수색하는 꿈

인물

자신의 신변이나 내력에 대한 인터뷰를
당하게 될 것이다. 혹은 시험관이나
심사관 등으로부터 자신의 신변에
대한 심사를 받게 될 것이다.

● 형사가 집으로 찾아와 이것저것 물어보는 꿈
뭔가 떳떳치 못한 생각을 하고 있거나 도덕적으로 꺼
림칙한 일을 두고 갈등을 겪고 있을 때 이런 꿈을 꾸
게 된다.

형제자매

● 집안의 재산이나 비용 분담 등의 문제로 형제들끼리
다툼이 일어나거나 의견이 분분해서 불편한 분위기가
되는 꿈
느닷없이 이런 꿈을 꾸었다면 필시 부모님에게 변고
가 생길 징조다. 갑자기 부모님이 중병에 걸리거나 돌
아가셔서 치료비라든가 장례, 유산 분배 등의 문제를
놓고 형제간에 서로 의논과 협조를 해야 할 상황이 닥
쳐올 것을 예시하는 꿈이다.

● 형이나 언니, 또는 동생과 함께 사이좋게 얘기를 나
누고 있었는데, 갑자기 주위에 아무도 없고 혼자 남아
있어서 당황한 꿈

지금까지 순조롭던 일이 갑자기 잘못될 가능성이 있
다. 믿고 의지하던 존재가 갑자기 없어지거나 손을 떼
서 곤란을 당할 수도 있다. 또는 친척 등 가까운 사람
들에게 문제가 생기고, 그로 인해서 자신도 손해를 입
게 된다.

● 형제(자매)가 결혼하는 꿈

이미 결혼을 한 사람이든 미혼이든 간에 어쨌든 꿈에
서 결혼식을 보는 것은 좋지 않은 의미를 가진다. 꿈
속에서 결혼을 한 그 형제(자매)에게 뭔가 불길한 일
이 닥칠 것을 암시한다.

● 형제(자매)가 사고로 죽는 꿈

꿈에 나타난 인물은 그 인물 자체를 의미할 때도 있지
만 때로는 형이나 오빠, 언니 등은 직장에서의 윗사람,
선배 등일 수 있으며, 동생은 직장 동료나 아랫사람,
후배 등을 상징한 인물일 수 있다. 이렇듯 사회에서의
경쟁 관계에 있는 사람이 꿈속에서는 형제로 나오는

인물

경우가 많다. 그러므로 이 꿈은 주변의 경쟁자를 물리
치고 싶다거나 그 경쟁자가 없어졌으면 좋겠다는 바
람이 나타난 것으로 볼 수 있다. 그러나 간혹 실제로
꿈에 나타났던 형제(자매)가 사고를 당할 것을 예시하
는 경우도 있다.

● 형제(자매)들이 모여 담소를 나누며 즐거운 시간을
보내는 꿈

부모님에게 변고가 생기거나 형제
중에 우환을 겪을 사람이 생길 것을
암시한다.

● 형제(자매)들이 한곳에 모여 집 안의 물건을 서로 나
누어 가지는 꿈

그것이 어떤 물건이든 형제간에 서로 나누는 꿈은 별
로 좋은 꿈이 아니다. 부모님에게 좋지 않은 일이 일
어날 수도 있고, 집안 전체에 나쁜 일이 생길 수도 있다.

● 형제자매들이 한방에 둘러앉아 있는 꿈

집안에 우환이 생기거나 자신의 신변에 좋지 않은 일
이 생기게 될 것을 예시한다.

● 형제나 자매가 함께 장작을 패고 있는 꿈

유산 상속이나 재산상의 문제로 형제자매들 사이에서
불화가 생길 것을 예시한다.

환자

● 꿈속에서 자신이 병원에 입원해서 병문안을 받는 꿈

건강에 이상이 생길 징조로 불길한 꿈
이다. 건강한 상태라 하더라도 빨리
종합검진을 받아 보는 것이 좋다.

● 누군가를 병문안을 하러 병원에 간 꿈

실제로 아는 사람 중 누군가가 병원에 입원하여 병문
안을 갈 일이 생길 징조다.

● 자신이 환자복을 입고 우산을 쓰고 있는 꿈

매우 불길한 꿈이다. 현재 환자가 아니라 하더라도 죽
음의 그림자가 드리웠다는 것을 암시하는 꿈이다.

● 현실에서의 중환자가 큰절을 받는 꿈

병이 악화되거나 죽을 것을 예시한다.

인물

● 환자가 노래를 부르는 꿈

집안에 어수선한 일이나 손실, 말썽 등 궂은 일이 발생하게 된다.

● 환자가 옷을 벗거나 갈아입는 꿈

병석에 누워 있던 환자가 꿈에서 옷을 벗거나 갈아입는 꿈은 대단히 좋지 않은 징조다. 죽음을 의미하는 것이기 때문이다. 만약 환자가 흰색이나 검은 색 계열의 옷으로 갈아입고 있는 꿈이라면 더더욱 위험하다.

● 환자가 자동차나 배를 타고 가는 꿈

이것은 이 세상을 떠나 저승으로 가는 것에 대한 암시로서 대단한 흉몽이다.

● 환자가 퇴원해서 집으로 돌아오는 꿈

병이 나아서 퇴원하는 것이 아니라 죽어서 병원 문을 나서게 될 것에 대한 암시한다.

제2장

신체

가슴

● 괴한이 자기의 가슴 위에 앉아 있어 괴로워하는 꿈
실제로 심장이나 폐에 이상이 생긴 경우도 있었다. 또
는 형제나 부부간에 불화가 생기게 된다.

● 낯선 여자가 갑자기 칼을 들고 자기의 가슴을 찌르
는 꿈
가슴이나 복부 쪽과 관련해 질환에 걸려 수술을 하게
될 것을 예시한다. 늑막염 등의 질환일 가능성이 높다.

● 어떤 여자가 옷을 헤쳐 유방을 내놓는 꿈
형제간에 서로 헐뜯고 싸울 일이 있게 된다.

● 어떤 여성의 유방이 노출된 것을 보는 꿈
형제자매의 신변에 위험이 닥쳤음을 암시한다.

● 어떤 여자의 젖을 꼬집고 주무르는 꿈
부모를 욕되게 하여 언짢은 일이 생길 것을 암시하는
꿈이다. 혹은 형제간에 다툼이 있을 수 있다.

● 여성이 자신의 가슴에 털이 나는 것을 본 꿈
재물의 손실이 있게 된다.

고름

● 팔에 종기가 군데군데 돋아서 상처가 생기고 고름이
나는 꿈
고통을 당하거나 말썽이 생겨서 장애를 겪게 되고, 의
욕을 상실하는 등 손실과 곤란을 겪게 된다.

귀

● 귀를 다쳐서 귀에서 피가 나는 꿈
철석같이 믿었던 사람에게서 배신을 당하게 될 징조다.

● 귀에 무엇이 들어가는 꿈
다른 사람의 꼬임에 빠져 사기를 당하거나 유혹을 당
하게 되는 꿈이다.

● 누군가의 귓바퀴가 갈라진 것을 보는 꿈
누군가에게 사기를 당하거나 신분, 지위, 명예 등이

몰락하게 된다.

● **자기 귀 대신 짐승의 귀가 붙어 있는 꿈**
주위의 음모로 위신이 떨어지거나 곤경에 처하게 될
것에 대한 암시다. 자신에 대한 주위의 평판이 좋지
않아서 불이익을 당하게 될 수도 있다.

● **자신의 귀가 어떤 동물의 귀로 보이는 꿈**
구설수에 휘말리게 되거나 어떤 음모에 의해 자신의
지위나 신분, 위치 등이 격하될 것이다.

● **자신이 상대방의 귀를 잘못 쳐서 그 사람의 귀가 떨
어져 나간 꿈**
주위 사람들과 불화를 겪게 될 조짐이다. 의견이 대립
하고 감정이 상해서 심하게 반목하게 된다.

눈

● **눈을 뜨고 누워 있는 꿈**
화병이나 심장질환이 생길 수 있다.

● 답답할 정도로 눈이 뿌예지거나 짓물러서 잘 보이지 않는 꿈

이러한 꿈은 현재 매사가 제대로 보이지 않고 있음을 나타내는 꿈이다. 무엇인가에 현혹되어 잘못된 길을 선택할 수도 있고, 남에게 속아 넘어가기도 쉬우므로 무엇이든지 냉철하게 심사숙고할 필요가 있다.

● 애꾸눈의 사람과 상종하는 꿈

편협한 사람과 함께 사업을 추진하거나 상대를 해야 하기 때문에 답답할 것이다. 또는 어떤 일에 있어 균형 잡힌 일 처리가 어려울 수도 있다.

● 자기의 눈이 보이지 않아 절망에 빠지는 꿈

절망에 빠지거나 답답한 상황에 부딪히게 된다. 안개나 먼지 등으로 인해 앞을 볼 수 없는 경우나 눈이 뿌옇게 되어 잘 보이지 않는 경우도 마찬가지다.

눈물

● 어떤 사람이 눈물을 흘리는 것을 보는 꿈

눈물을 흘리는 사람을 측은하게 생각하여 마음이 흔
들리는 꿈이므로 실제로 어떤 사람으로 인해 불만이
나 불쾌감을 느끼게 될 일이 있음을 암시한다.

눈썹

● 눈썹 위에 두드러지게 점이 나 있는 꿈
금전적으로, 혹은 가정적인 문제로 곤란에 빠지게 될
것을 예시한 꿈이다.

● 눈썹이 거의 다 빠져 듬성듬성 남아 있어서 보기 흉
했던 꿈
명예가 실추되거나 일이 중도 좌절될 조짐이 있다. 남
에게 원망을 사거나 비난을 들을 일이 생길 수도 있다.

● 머리를 자르려고 미용실이나 이발소에 갔는데 미용
사가 다짜고짜 눈썹을 깎아버린 꿈
좋지 않은 꿈이다. 자신을 둘러싼 환경이 나빠지게 되
고 여러 가지 손실이 따르게 된다.

● 자신의 눈썹이 매우 짧고 거칠게 난 꿈

사업에 실패를 하게 되거나 집안에 우환이 생기게 되는 꿈이다. 혹은 부모나 처자식과 떨어져서 객지에서 고생하게 된다.

다리

● 높은 곳에서 떨어져 다리가 부러지는 꿈

좌절을 겪게 되거나 사고를 당할 암시다. 사업에서 무리한 확장이나 새로운 계획, 중요한 계약은 되도록 삼가고 현상 유지 및 안전을 기하는 것이 낫다. 여행이나 출장을 떠날 계획이 있다면 뒤로 미루거나 세심한 주의를 기울여야 한다.

● 다리가 무거워서 잘 걷지 못하는 꿈

당신의 자녀 중에 하나가 사업이 부도를 맞거나 실직을 하여 생활고에 빠지거나 병들게 될 것을 예시하는 것이다. 자식과 관계되지 않는 경우는 당신이 아끼는 부하직원이나 아랫사람, 사업이 어려운 처지에 놓이게 될 것을 예시한다.

● 다리를 삐거나 퉁퉁 부은 꿈

우환이 닥칠 징조다. 특히 아랫사람의 사소한 실수나 불찰로 인해 큰 손해를 보게 될 우려가 있다. 사고를 당할 수 있으므로 여행이나 출장은 삼가는 것이 좋다.

● 다리에 심하게 쥐가 나서 손으로 주무르는 꿈

실제로 사고를 당해 다리를 다칠 예시이므로 산행이나 운동은 삼가고, 외출할 때도 조심하는 것이 좋겠다.

● 딱정벌레가 다리에 많이 붙어 있어 놀라는 꿈

불필요한 일이나 번거로운 일로 인해 방문을 받게 될 것이다.

● 원래 안짱다리가 아닌 사람이 심하게 휜 안짱다리가 되어 있는 꿈

골치 아픈 일에 휘말리거나, 아랫사람이나 평소에 자기가 무시하던 사람과 마찰을 빚어 위신이 떨어질 징조다.

● 자기 다리에 굵은 핏줄이 울퉁불퉁 불거져 있어 흉측하게 보인 꿈

건강이 좋지 않다는 증거다.

대소변

● 누군가 자기 집 변소에서 대소변을 퍼내 간 꿈
실제로 금고를 털리거나 신용카드를 분실해서 금전적
손실을 입게 될 것을 예시하는 꿈이다.

● 대변을 배설하고 뒤를 닦지 않는 꿈
사업상 또는 어떤 일의 뒤처리가 잘되
지 않아 근심, 걱정을 하거나 불쾌한
일을 당한다.

● 대변이나 소변을 보려고 다급하게 화장실이나 마땅
한 장소를 찾아다녔던 꿈
계속해서 장애를 만나 일이 지연되고 방해를 받게 된
다. 매사에 막히는 것이 많아 마음고생을 하게 될 징
조다.

● 발을 헛디뎌 대변 속에 발이 빠졌는데, 바짓가랑이
에 대변은 없고 누런 얼룩만 묻어 있었던 꿈

실속 없는 일에 투자해서 손해만 보게 된다. 당분간
거래나 매매, 투자 등은 아예 하지 않는 것이 좋다.

● 병원에 가서 소변검사를 받는 꿈
건강에 이상이 생길 수 있으니 건강에 유의해야 한다.

● 소변을 보기 위해 화장실에 들어가는 꿈
만약 화장실에 들어가다 잠이 깼다면, 하고 있는 일이
나 사업 등이 뜻대로 잘 이루어지지 않음을 나타낸다.

● 소변이 옷에 젖는 꿈
계약을 맺을 일이 있거나 누군가의 글로 인해 망신을
당하게 된다.

● 소변이 잘 나오지 않아 쩔쩔매는 꿈
사업이 꼬이거나 추진하던 일이 잘 풀리지 않으며, 소
원이 충족되지 않는다.

● 솥이나 냄비 뚜껑을 열어 보니 대소변이 들어 있어
서 놀란 꿈
이 경우에는 흉몽이다. 험한 꼴을 보게 되거나 체면이

깎일 일에 휘말리게 되고, 재물을 잃게 된다.

● 아들이 똥을 싸는 것을 보고 옷을 벗겨 씻겨주는 꿈
관리나 조직 생활에 부드러운 처세가 필요할 때임을
알려주는 꿈이다. 혹은 능률 향상을 위해 금융 쪽의
문을 넓혀야 할 것이다.

● 아무리 애를 써도 대변이 나오지 않아 고생했던 꿈
시원하게 변을 보지 못하고 애만 쓰다 깬 꿈은 아무리
노력을 해도 이룰 수 없는 일을 예시한다. 끝내 변을
보지 못하고 깼다면 결국 실패로 돌아가게 된다.

● 옷이나 몸에 묻은 대소변을 씻어내는 꿈
꿈속에서 이내 그것을 말끔히 씻어냈다면 손실이 예
상되는 꿈이다.

땀

● 구슬 같은 땀을 흘리는 꿈
한때 절제 없는 낭비로 집안이 기울게 될 것을 암시한다.
또는 어떤 일에 기진맥진하여 의욕을 잃게 될 것이다.

● 손바닥 안에 난 땀이 뜨거운 꿈

강력한 힘이 솟아나고, 하는 일마다 박력 있게 처리하
게 된다.

● 안색이 붉고 식은땀이 나는 꿈

자신의 욕망이 소망이 너무 크고 강하여
건강을 해치게 되는 꿈이다. 자신을 되돌아
보는 것이 필요하다.

● 온몸에 땀을 비 오듯 흘려 흥건히 젖었던 꿈

피와는 달리 땀으로 온몸이 젖어 있었던 꿈은 흉몽이
다. 죽음이나 질병, 사고 등을 암시한다.

● 이마에 땀방울이 솟아 있거나 얼굴로 흐르는 꿈

사고를 당해 피를 흘릴 만큼 상처를 입거나, 돈을 탕
진하게 될 일이 있을 것이다.

● 이마에 땀방울이 송골송골 맺혀 있는 꿈

재물을 잃게 되거나, 어떤 사고로 상처를 입게 될 것
을 예시한다.

● 콧등에 땀방울이 맺혀 있는 꿈

사업을 하다 실패하게 된다. 기진맥진하는 꿈이다.

머리

● 머리를 다치는 꿈

꿈에서 누가 머리를 때리거나 어딘가에 부딪혀서 머
리를 다치는 꿈은 자신에게 어떤 충격이 올 것을 미리
암시한 꿈이라고 본다. 정신적인 충격을
받게 될 우환이 생길 수 있으므로 매사
에 조심하는 것이 좋겠다.

● 자신의 머리가 몹시 작아 보이는 꿈

자신의 일이 대수롭지 않게 생각되어 다른 사람에게
알리지 못하거나, 다른 사람에게 알려질까 두려워하
게 된다.

● 자신의 머리가 찌그러진 모양으로 보이는 꿈

대인 관계에 문제가 있을 수 있으니 자신의 성격이나
일의 추진 방식을 바꾸어야 한다. 혹은 두통이나 골치
아픈 일이 있을 수 있다.

신체

● 검은 머리인데도 빗으로 빗으니까 자꾸만 흰 머리카락이 빠지는 꿈

자식에게 좋지 않은 일이 닥칠 징조다. 재력이나 권력, 정력이 쇠퇴하고 있음을 암시하는 꿈이다.

● 누군가 아는 사람이 단정하게 머리를 빗는 모습을 본 꿈

그 사람이 자신에게 해를 끼치거나, 또는 자신의 잘못이나 실수로 인해 그 사람이 이득을 보게 될 것을 암시한다.

● 누군가가 강제로 자신의 머리를 깎는 꿈

자신의 가족 중 누군가가 사고를 당하거나 해를 입게 될 것을 예시하니 조심해야 한다. 여성이 이런 꿈을 꾸면 의지하던 사람을 잃게 될 것을 예시한다. 즉, 남편이나 애인을 잃게 될 것이다.

● 머리가 자라 얼굴을 뒤덮는 꿈

자신의 신분이나 위치를 숨기거나 가려지는 일이 있

어 불쾌함을 느끼게 될 것이다.

● 머리를 자주 감는 꿈
현재 딸의 장래 문제로 인해 고민이나 걱정을 많이 하
고 있음을 나타내고 있다. 혹은 성격이 분명한 딸의
장래 문제로 분주하게 움직일 일이 생기게 된다.

● 머리를 박박 밀어버리는 꿈
여자의 경우 의지하던 사람을 잃어 외롭게 될 처지에
놓였다. 완전히 밀어버리지 않고 머리털 끝만 잘랐다
면, 당신의 남편이나 자식에게 해로운 일이 생길 수
있으니 각별히 조심해야 한다. 교통사고 같은 것을 조
심해야겠다.

● 머릿기름이 너무 많아 흘러넘치는 꿈
주변으로부터 좋지 않은 평판을 듣거나 구설수에 오
르게 되는 꿈이다.

● 머리에서 이가 우수수 쏟아지는 꿈
정신적으로 고통을 당할 일이 생기고, 소송 사건이나
불리한 계약 등이 시간을 끌며 괴로움을 주게 된다.

● 머리카락을 손으로 쓸어 넘기려고 하는데, 머리카락
이 철사처럼 뻣뻣해서 잘 넘어가지 않았던 꿈

지나치게 경직된 사고방식을 가지고 있어서 이로 인
해 직장이나 사업, 사회에서 뒤쳐지고 불이익을 당할
수 있다는 경고성 꿈이다.

● 미용사가 가위로 자기 머리를 짧게 자르는 꿈

재력, 권력 등 자신의 힘이 쇠퇴할 것
을 예시한 꿈이다. 건강이 나빠질 수도
있다.

● 바람에 머리카락이 심하게 날려 어수선했던 꿈

가정에 문제가 생겨 가족 간에 의견이 분분하고 화목
이 깨지게 될 것을 암시하는 꿈이다. 또는 중요한 기
로에 서서 마음의 갈피를 못 잡고 혼란스러워하고 있
다는 의미기도 하다.

● 붉은 색으로 자신의 머리카락을 염색하는 꿈

구설수나 시비에 휘말릴 수 있으니 조심해야 한다.

● 빨리 외출해야 하는데 아무리 손질을 해도 머리가

지저분하게 헝클어져서 속상했던 꿈

대인 관계에 문제가 있거나 어떤 문제로 인해 고민하고 있는데 갈피를 잡지 못하고 혼란 속에 빠져 있음을 보여주는 꿈이다.

● 상투를 튼 사람과 이야기를 하는 꿈

아주 완고하고 고집 센 사람과 부딪칠 일이 있을 것을 암시한다. 사업이나 일에 있어 이런 사람과 상대하면 협조를 잘 해주지 않아 일이 잘 풀리지 않을 것이다. 때로는 어떤 보수적인 일이나 직업 등을 상징하기도 한다.

● 아는 사람을 만났는데 그 사람이 가발을 쓰고 있었던 꿈

꿈속에 나온 그 사람, 또는 그 사람으로 상징되는 어떤 사람이 자신에게 솔직하지 못하고 위장된 모습을 보이고 있다는 의미다. 어떤 목적을 위해 자신을 속이고 있으므로 주의해야 한다.

● 입에 머리카락이 꽉 차 있는 꿈

집안에 누군가 질병에 걸려 오랫동안 걱정하게 된다.

목

● 누군가 자신의 목을 조르는 꿈

사업이나 추진하는 일이 누군가의 방해를 받아 중단
되거나 어려운 상황에 직면하게 된다.

● 누군가와 이야기를 나누고 있는데, 갑자기 자기 목
이 뚝 잘리더니 땅바닥으로 떨어져 낭패감을 느낀 꿈

그동안 질질 끌었던 어떤 문제가 불행한 쪽으로 결론
이 나게 될 것이다.

● 목이 몹시 가늘어진 꿈

경제적으로 빈곤해지거나 처지가 곤궁해질 것이다.
건강 면에서도 기력을 잃고 병에 걸리기 쉽다.

● 어떤 사람이 자신의 목을 송곳으로 찌르는 꿈

감기나 편도선염에 걸리겠으니 조심해야겠다. 이미
감기에 걸려 있다면 더 심해져 목이 쉬게 될 것이다.

● 자신의 목에 다른 사람이 목마를 탄 꿈

누군가에게 심한 간섭을 받게 되거나, 사업이나 일에

있어 자신보다 제3자가 공공연히 나서서 기분 상하는 일이 생길 것을 예시한다.

몸 · 몸집

● 강물에 몸을 씻었는데 오히려 몸이 더러워지는 꿈
열심히 일한 성과가 사라지거나 남으로부터 인정받지 못하게 되는 꿈이다. 또한 답답한 현실을 벗어나지 못하는 자신을 암시하기도 한다.

● 술에 취해 몸을 제대로 가눌 수 없었던 꿈
유행성 병에 걸리게 되거나, 경쟁자의 꼬임에 빠져 그 잡념에서 벗어나기 어려울 것을 예시한다.

● 옷이 흐트러져 몸의 일부를 드러내는 꿈
의지할 곳을 잃거나, 유혹당할 일이 생긴다.

● 이가 몸을 물어대는 꿈
근심거리가 생길 징조다.

神
体

● 자기 몸이 기아 난민처럼 앙상하게 뼈만 남은 꿈

과로로 몸이 허약해져 있거나, 격렬하고 힘든 운동이
나 노동을 하고 나서 지쳐 있을 때 이런 꿈을 꾸게 된다.
그러나 만일 젊은 여성이 이런 꿈을 꾸었다면 다이어
트에 대한 과도한 집착이 꿈으로 나타난 것이다.

● 자신이 키 작은 뚱보가 되어 길거리에서 사람들의
놀림거리가 되어 있는 꿈

실제로 살이 많이 찐 사람이 아니라면 지나
치게 흥청망청 방탕한 생활을 하거나 아
무렇게나 되는 대로 방만한 생활을 하
고 있는 자기 자신에 대한 경고다.

무릎

● 무릎에 시커먼 멍이 들거나 퉁퉁 부어오른 꿈

직장에서 지위가 하락하고 한직으로 밀려나게 될 징조
다. 무릎이 심하게 다쳐 아예 걸을 수도, 자리에서 일
어설 수도 없었다면 실직할 수도 있다. 이런 꿈을 반
복해서 꾸었다면 틀림없이 직장을 그만두게 된다. 차
라리 적극적으로 새로운 일자리를 찾아보는 것이 낫다.

● 무릎에 부상을 다하는 꿈

계획이나 사업에 장애가 생겨 뜻대로 이루어지지 못
한다. 질병이 생길 수 있는 꿈이다.

발

● 모래나 진흙에 발이 푹푹 빠져 걷기가 힘들었던 꿈

현재 겪고 있는 어려움이 혹시 애초부터 너무 무리한
계획을 세웠기 때문은 아니었는지 다시 재고해볼 필
요가 있다. 처음부터 난관은 예상되었던 것인지도 모
른다. 고생은 고생대로 하고도 실패로 돌아갈 확률이
높다. 계획 자체를 전면 수정할 필요가 있다.

● 발바닥에서 피가 흐르는 꿈

친척이나 조카뻘 되는 사람이 결혼을 하여 축의금을
낼 일이 있거나, 그들에 의해 금전적으로 부담될 일이
있을 징조다.

배

● 배가 아파 쩔쩔매는 꿈

뭔가 양심에 가책을 받을 만한 일이 있을 것이다. 혹은 어떤 심혈을 기울인 일이 입찰에 들어갔거나 심사에 들어가 결과를 기다리는 상태에 있게 될 것을 의미하는 것이다.

● 체한 것처럼 배가 아팠던 꿈

마음속에 고민거리를 잔뜩 안고 있는데, 해결 방법이 전혀 보이지 않을 경우에 이런 꿈을 꾸게 된다. 때로는 앞으로 닥쳐올 생활의 궁핍이나 근심에 대한 예시일 때도 있다.

생리

● 생리통으로 인해 배가 아픈 꿈

어떤 일로 인해 매우 골치 아픈 일이 생기고, 주변에 좋지 않은 일이 생긴다. 뜻밖의 질병과 사고가 발생한다.

성기

● 남녀를 막론하고 자신이나 남의 성기를 본 꿈

성기가 강조되어 기억에 남는 꿈은 망신을 당하거나

돈이나 물건을 잃어버릴 것에 대한 암시다.

● 성기를 뽑히거나 잘리는 꿈
사업이 실패하거나 자존심 상할 일, 절망적인 일 등이
생긴다.

● 아무리 애를 써도 성기가 발기되지 않아 속상했던 꿈
누군가에 의해 패배감이나, 불쾌감을 느껴 의욕을 상
실하게 될 것이다.

● 어떤 여자가 성기를 드러낸 채 소변보는 것을 바라
보는 꿈
다른 사람이나 경쟁자가 소원을 이루는 것을 보고 패
배감을 느낄 일이 생길 것이다. 보통 남자들의 꿈속에
등장하는 여성은 약삭빠른 남자나 일거리를 상징한다.

신
체

손

● 가만히 자신의 손을 들여다보고 있는 꿈
정신적으로 고통을 받거나, 경제적인 곤란에 처하게
될 것을 예시한다.

● 누군가 자기 손톱을 뽑아내려고 해서 발버둥을 쳤던 꿈
가까운 사람과 불화가 생길 징조다. 혹은 주위의 가까
운 사람으로 인해 손해를 입게 될 일이 생긴다.

● 누군가가 웃으면서 자신에게 손을 흔드는 꿈
그 사람이 만일 병중에 있는 사람이라면 병세
가 악화될 것이다. 또한 멀리 떨어져 있는 가
족이나 친지였다면 그 사람의 신상에 위기가
닥쳐올 것이다.

● 늘 끼던 반지인데 아무리 끼려고 해도 손가락에 들
어가지 않아서 애를 쓴 꿈
남편(아내), 연인과의 관계에 금이 갈 징조다. 특히 성
관계에 있어서 서로의 불만이 쌓여 불화가 생길 것이다.

● 불을 쬐고 있는데 갑자기 불꽃이 피어올라 손을 덴 꿈
불륜, 혹은 위험한 사랑에 빠지게 될 것에 대한 예시다.
꼭 사랑이 아니더라도 자신에게 위험을 끼칠 만한 인
물과 가까운 사이가 될 수 있으니 대인 관계에 특별히
신중을 기하도록 한다.

● 상대방의 손이 차갑게 느껴지는 꿈

꿈속의 상대방이 상징하는 누군가로부터 냉대를 받게
된다.

● 손가락이 베이거나 부러지는 꿈

중요한 물건이나, 소중한 사람을 잃게 될 우려가 있으
니 각별히 주의하도록 한다. 자식에게 우환이 닥칠 수
도 있고, 절친한 사람과 완전히 남남이 될 수도 있다.
손가락이 잘리거나 부러져서 완전히 손에서 떨어져
나갔다면 문제가 심각하다.

● 손가락이 잘리는 꿈

형제나 자매 가운데 두 사람이 요절하거나 다칠 것이
다. 혹은 당신의 세력이나 권한이 손상을 입을 것을 암
시하는 꿈이다. 믿었던 사람에게 배반당할 수도 있다.

● 손등이 시커먼 털로 가득 덮여 있는 꿈

우환이 닥칠 징조다. 당분간은 아무리 애를 써도 문제
가 해결되기 어렵다. 일정 기간이 지날 때까지는 어려
움을 견디면서 때를 기다려야 한다.

● 손을 아무리 씻어도 깨끗해지지 않아서 계속해서 씻거나 더러운 채로 있는 꿈

무언가 도덕적으로, 사회적으로 떳떳치 못한 일에 관여하고 있으니 그 일에서 빨리 손을 떼라고 경고하는 꿈이다. 또는 질이 좋지 못한 사람과 어울리고 있는데 대한 경고이기도 하다.

● 손이 마음대로 움직여지지 않는 꿈

재산을 잃게 되거나, 어떤 소원이나 추진해오던 일이 좌절된다. 혹은 가족과 헤어질 일이 생기게 된다.

● 손이나 발에 상처를 입는 꿈

누군가와 이별할 일이 생긴다. 특히 자신의 협조자나 자신이 아끼는 어떤 사람과 이별을 하게 된다.

● 손톱이 길어서 무엇을 집을 수 없을 정도로 불편한 꿈

지나친 욕심으로 인해 큰 것을 잃게 될 징조다.

● 손톱이 짧아져서 거의 없어진 꿈

생활이 어려워질 징조다. 당분간은 해결의 기미도 보이

지 않고, 도움을 받을 곳도 없어 막막한 상태가 된다.

● 위험한 지경에 빠진 사람의 손을 잡아 구출하는 꿈
어떤 일, 또는 그 사람의 과오에 대해서 연대책임을
지게 된다.

● 자신의 손이 갑자기 작게 보이는 꿈
부하직원이나 아랫사람에게 배신을 당하거나 속임을
당할 수 있다.

수염

● 가발을 쓰거나 수염을 다는 꿈
주변사람에게 도움을 구하거나 조력자를 필요로 하게
되는 꿈이다. 뒤집어 보면 사업이나 계획이 순탄하지
않아 협조가 필요하다는 것을 의미한다.

● 누군가가 자기 수염을 뽑는 꿈
금전적 손실이 예상된다. 뜻하지 않게 빠져나가는 돈
이 만만치 않다. 돈뿐만이 아니라 근심 걱정도 따르게
될 것이다.

● 면도하는 꿈

수염이 뽑히는 것과 마찬가지로 수염을 자르는 면도
역시 금전적 손실을 당할 징조의 꿈이다.

심장

● 숨이 가쁘고 심장이 두근거리는 꿈

마음이 급하여 온종일 분주하고 일이
많다. 질병이 생길 수 있고, 구설수,
다툼 등이 생기게 될 것을 암시하는
꿈이다.

● 자신의 심장이 없어지는 꿈

자신의 충실한 협조자나 친한 친구, 성실한 고용인 등
소중한 사람을 잃게 되거나, 어떤 귀한 물건을 잃어버
리게 된다. 또한 그로 인해 정신적인 충격을 받게 될
것이다.

알몸

● 나체의 여자가 도망쳐서 사라지는 꿈

사업이나 추진하던 일, 작품 등이 아깝게 실패하게 된다.

● 러닝셔츠나 팬티만 입고 있는 꿈
고독하게 되거나, 신분에 변화가 생겨 불안정해진다.

● 반나체가 되어 옷을 입으려고 조바심치는 꿈
비빌 언덕이 없어 외로운 처지에 놓이겠다. 즉, 어떤
일을 진행하는데 그에 맞는 여건이나 협조자가 생기
지 않을 것이라는 암시다.

● 스트립쇼를 구경하면서 마음이 야릇해지는 꿈
어떤 사람이 당신의 실수나 죄상, 잘못된 점을 드러내
거나 헐뜯는 일이 있어 크게 싸울 일이 생길 것을 암
시한다.

어깨

● 어깨에 짐을 지고 산에 오르는 꿈
계획한 일이나 사업이 장애가 생기고, 어렵게 될 흉몽
이다.

● 양어깨가 쑤시고 아픈 꿈

가정과 직장에서 일이 고달파지고, 사는 낙이 생기지
않는다.

얼굴

● 거울에 비친 자기의 얼굴이 검어 보이는 꿈

누군가와 시비가 붙어 속상한 일이 생길 것이다.

● 거울을 들여다보니 자기 얼굴이 석고상처럼 창백해
보였던 꿈

건강에·심각한 이상이 생기거나, 사고 등으로 다칠 위
험이 있음을 알려주는 꿈이다.

● 거울을 보니 눈 밑이 시커멓게 되어 있었던 꿈

지나친 성생활로 육체적인 무리가 오고 있으므로 자
제하라는 경고성 꿈이다.

● 거울을 보았는데 얼굴이 퉁퉁 부어 있어서 속상해하
거나 걱정했던 꿈

심신이 몹시 지쳐 있거나 허약해져 있다는 증거다. 얼

굴이 꺼칠해 보였던 꿈도 마찬가지다.

신
체

● 상대방의 얼굴에 침을 뱉는 꿈
다른 사람의 마음에 상처를 입히거나 함께 일하는 동
업자에게 피해를 주게 되는 꿈이다. 자신의 말이나 행
동에 주의를 하라는 경고몽이다.

● 아는 사람이 꿈에 나왔는데, 그 사람 얼굴에 깊은 흉
터나 상처가 있어서 깜짝 놀라며 걱정했던 꿈
꿈에 나타난 그 사람에게 좋지 않은 일이 발생할 징조
다. 액운이 닥치고 있거나 질병이 예상된다.

● 애인이나 남편의 얼굴이 검은 것을 보는 꿈
애인이나 남편으로부터 배반을 당하거나 속 썩을 일
이 생길 것을 예시한다.

● 다른 사람이 얼굴을 붕대로 칭칭 감고 있는 것을 본 꿈
자기가 가해자가 되어 교통사고를 일으키거나, 사기
에 걸릴 위험이 있다. 조심해야 한다.

● 얼굴이 검은 어린아이를 데리고 다니는 꿈

부담스럽거나 힘들고 어려운 골치 아픈 일을 맡게 될
것이다.

● 얼굴이 벌겋게 달아오르는 꿈

힘겨운 일거리가 생기거나 계획에 차질이 생기게 된다.
질병을 얻게 될 수도 있으니 주의해야 한다.

● 자기 얼굴에 주름살이 너무 많아서 약이나 화장품을
사러 돌아다닌 꿈

마음속에 근심이 가득하다는 의미다. 어떻게든 근심
을 해소하고 싶다는 욕구가 강하지만 그 문제에서 놓
여나지 못하고 있음을 보여주는 꿈이다.

● 자기 얼굴에 큰 점이나 종기가 생긴 꿈

그동안 쌓아왔던 경력이나 업적에 누가 될 만한 어떤
일이 생길 것에 대한 암시다. 사소한 실수나 오해로 인
해서 큰 과오를 남기게 될 수 있으니 근신하도록 한다.

● 자기의 얼굴을 수술하는 꿈

형사나 수사관, 기자 등에게 사업상,
혹은 신상에 대해 조사 받을 일이 생

길 것이다. 만약 수술하는데 짜릿한 쾌감을 느꼈다면 자존심을 상하게 될 것이다.

● 자신의 안색이 파랗게 변하는 꿈
질병에 걸리거나 자신의 신상에 충격적인 사건이 일어나게 될 것을 암시하는 꿈이다.

● 자신의 얼굴이 누렇게 변하여 손으로 가리려고 애썼던 꿈
자신의 운세가 극도로 나빠질 것을 예시한다. 사업이나 추진 중인 일, 소원 등이 꺾여 희망을 잃게 되거나 건강에 이상이 올 수 있다.

엉덩이

● 남편이 금이나 보석 같은 것들을 훔쳐 항문에다 숨기는 꿈
남편이 첩이나 정부를 두고 딴 살림을 차릴 가능성이 높다. 만약 남편이 물건을 감춘 그대로 주저앉았거나 걸어 다녀도 물건이 빠져 나오지 않는다면, 오랫동안 그런 생활이 유지될 것임을 암시하는 것이다.

신
체

● 사람들이 많이 지나다니는 길 한가운데에서 자신이
아무것도 입지 않은 엉덩이를 드러내놓고 있었던 꿈
치명적인 비밀이 탄로 나서 망신을 당하게 될 징조다.
불륜, 혹은 직장 내에서의 염문 등이 모든 사람들에게
알려져 곤경에 처하게 된다.

● 자신이 마네킹이 되어 있었는데, 사람들이 지나가면
서 자기 옷을 들춰서 엉덩이를 보거나 만지는 꿈
망신을 당하거나 치욕스러운 일을 겪을 흉몽이다. 명
예와 권위가 땅에 떨어져 기존의 사회생활을 계속하
기 힘들 만큼 정신적인 고통을 받게 된다.

● 치한이 엉덩이를 매만지는 꿈
낯모른 사람에게 성적으로 추행, 폭행을 당하거나 망
신살이 뻗치게 되는 꿈이다. 조심하는 것이 좋다.

이마

● 이마를 다치는 꿈
건강이나 사업 등에 우환이 닥칠 것을 예시한 꿈이다.
심각한 걱정거리가 생길 것이다.

● 이마에 주름이 많은 꿈

늘 근심이 많아 고민하고 하는 일마다 어려움을 겪게
될 꿈이다.

● 자기 이마가 평소보다 좁아져 있었던 꿈

자신의 운세가 다했음을 암시하는 꿈이다. 그동안 운
세를 타고 있어서 권세와 부를 누려왔더라도 이제부
터는 내리막길로 들어서게 되므로 일을 더 벌여나가
지 말고 차츰 신변 정리를 하면서 안전을 기하는 것이
좋다.

● 자기 이마에 붉은 점이 박혀 있는 꿈

욕심과 의욕이 지나쳐서 실패하거나 좌절할 것을 경
고한 꿈이다. 자기의 본분을 지키는 것이 중요하다.

입

● 음식을 먹는 자신의 입이 점점 커지는 꿈

사업이나 추진 중인 일이 의욕적으로 추
진되거나, 재물이 쌓이게 될 것을 암시
한다. 혹은 구설수에 휘말릴 수 있으니

주의해야 한다.

● 입 안 가득 모래가 가득했던 꿈
자기 입지가 불리하다는 것을 의미한다. 무슨 일을 해
도 자기 몫으로 돌아오는 것은 아무것도 없고, 오히려
억울함과 불쾌함만 남게 된다.

● 큰 떡이나 빵 등을 한입에 다 넣으려고 하는데 다
들어가지 않아서 억지로 밀어 넣으려고 한 꿈
구설수에 휘말리게 될 것을 예시한 꿈이다. 일단 말조
심을 하는 것이 좋다. 사소한 말 한마디가 일파만파로
퍼져 큰 문제가 될 수도 있다.

입술

● 입술에 물집이 잡히거나 헐어 있었던 꿈
생계가 어려워지게 될 것에 대한 암시다. 갑자기 직장
을 잃을 수도 있고, 사업이 망해 당장의 생활이 어려
워질 수 있다.

● 입술이 마비되거나 경련이 일었던 꿈

지나친 수다를 삼가라는 경고의 메시지가 담긴 꿈이다. 그 수다로 인해 자기 자신과 주위 사람들을 다치게 할 수 있으므로 조심하는 것이 좋다.

질병

● 목에 어떤 질병이 생기거나, 가시나 못, 침, 바늘 등에 찔려 갑갑해하는 꿈

예기치 못한 장애나 문제가 생겨서 어려움을 경험하거나 실패를 보는 꿈이다.

치아

● 거울을 보니 자신의 이가 검거나 누렇게 때가 묻어 있는 꿈

집안에 근심 걱정이 생기거나, 사업이나 계약에 차질이 생겨 근심하게 된다.

● 거울을 보았더니 자기 이가 몽땅 빠지고 잇몸만 있었던 꿈

집안이 몰락하는 등 가족 전체에게 불행이 닥칠 징조다.

● 남편과 함께 얘기를 하다가 보니 윗니가 빠져 있어
서 깜짝 놀란 꿈

윗니는 아버지나 남편을 상징한다. 남편의 윗니가 빠
져 있었다는 것은 남편에게 좋지 않은 일이 생기거나
신변에 위험이 다가오고 있다는 징조로 풀이된다.

● 덧니가 빠지는 꿈

사위나 양자가 사망하거나, 질병에 걸려 오랫동안 근
심하게 된다.

● 아랫니가 모두 빠지는 꿈

자신의 형제들에게 변화가 생길 것을 암시하는 것으로,
집안에 우환이 생길 것을 경고하는 꿈이다.

● 앓던 이가 빠진 꿈

만일 환자가 이런 꿈을 꾸었다면 죽음을 암시한 꿈이
다. 사업이 그동안 어려움을 겪고 있었다면 앞으로도
회생의 길을 찾기가 어렵다.

● 어금니가 욱신욱신 쑤시거나, 썩어 있어서 빠질 것
처럼 흔들렸던 꿈

어금니가 썩었다거나 흔들렸다면 부모님에게 좋지 않은 일이 발생할 것을 암시하는 꿈이다. 어금니 중 윗니는 아버지를 상징하고 아랫니는 어머니를 상징한다. 불길한 꿈이므로 각별한 주의를 요한다.

● 이가 빠진 자리에서 피가 나는 꿈

머지않아 누군가의 죽음을 접하게 될 것이다. 또한 가산이 기울 정도로 돈을 탕진하게 되니 조심해야 한다.

● 이가 새로 나는 꿈

하던 일이나 사업, 계획이 모두 막히게 되는 꿈이다. 직장 내의 승진 과정에서 밀려나거나 자리를 옮기게 되는 등 어려움을 경험하게 되는 꿈이다.

● 이가 아파서 치과에 가는 꿈

부모, 형제, 자매 등이 질병에 걸리거나 우환이 생긴다. 혹은 절친한 친구를 잃게 될 것이다.

● 이가 흔들려서 뽑았는데 피가 나지 않고 아무 흔적

도 없어서 이상했던 꿈

흔들리던 이가 빠졌는데 입 안에도 전혀 피가 나지 않고, 빠진 이에도 전혀 피가 묻어 있지 않고 흔적조차 없었다면 생명력이 다했다는 의미로 해석할 수 있다. 신체에 있어서나 사업에 있어서 생기가 사라졌다는 의미다.

● 이가 빠지지는 않고 흔들리는 꿈

현실에서 뭔가 불안하거나 조바심을 느끼는 일이 있을 것이다. 가족 중 누군가 병에 걸리거나 안정을 못 찾고 불안한 상태에 처하게 될 것이다. 직장에서는 면직이나 대기발령 등 불안한 위치에 놓이게 된다. 또는 그런 상태가 될까 불안해할 것이다.

● 입을 벌리고 거울을 보았더니 시커멓게 썩은 이가 있었던 꿈

이는 가족을 상징하기도 한다. 따라서 어느 하나가 시커멓게 썩어 있었다면 가족 중의 누군가에게 액운이 닥칠 징조다.

● 자신의 멀쩡하던 이가 부러지는 꿈

질병에 걸리거나 추진하던 일이나 소망하는 일 등에
있어 좌절하게 되고, 사업이나 일을 중도에서 포기하
게 된다.

● 자신의 이 한 개가 빠지는 꿈
친척 중의 누군가와 생이별을 하거나
죽는다. 또는 자신을 도와주던 협조
자와 헤어지게 된다.

● 자신의 이가 흔들리는 꿈
자신의 지위나 신원이 위태롭게 된다. 혹은 사업이나
조직 등이 튼튼하지 못하고 직장에서도 해고될지 몰
라 조바심을 내는 일이 생기게 된다.

침

● 어떤 사람의 얼굴에 침을 뱉는 꿈
정신적으로 혹은 물질적으로 상대방을 공격하여 마음
에 상처를 줄 일이 있게 된다. 어쨌든 당신은 스트레
스를 해소시키겠지만 상대방에게 어떤 꼬투리를 잡히
게 될 것이다.

● 입 안에 흙이나 벌레 등이 들어간 것 같아 자꾸만
침을 뱉어내는 꿈
쓸데없이 돈이나 시간, 정력을 소비하고 있는 데 대한
경고의 의미를 담고 있다.

● 입 안이 바싹바싹 타고 침이 말라버린 꿈
쇠퇴의 기운을 암시하는 꿈이다. 몸이 허약해지거나
경제적으로 궁핍해질 수 있다.

코

● 꿈속에서 심한 감기로 코가 막혀 답답했던 꿈
판단력을 잃고 잘못된 선택을 해서 낭패를
보거나, 다른 누군가의 방해나 모함에 넘
어가서 곤경에 빠지게 될 암시다.

● 자기 얼굴에 코가 두개가 달려 있었던 꿈
시비나 불화가 일어나게 될 것을 예시하는 꿈이다. 괜
한 시비에 말려들지 않도록 근신하는 것이 좋다.

● 자신의 코가 없어져 버린 꿈

명예를 잃을 일이 생긴다.

● 자신의 코에 상처가 난 꿈
시비에 휘말리게 되거나 누군가의 모략에 빠질 수 있다.

● 코 위에 점이 난 꿈
재물이 빠져나갈 꿈이다. 씀씀이가 너무 헤프거나 무리한 투자를 하고 있다면 자제해야 할 것이다.

● 코가 높아 보이는 꿈
구설수에 휘말리게 되거나 다른 사람의 미움을 살 일이 생긴다.

● 코가 점점 늘어나서 아주 길게 늘어뜨려진 꿈
지나친 자신감으로 인해서 문제가 발생할 것이다. 의욕이 넘치고 자만심에 빠져서 현명한 판단을 할 수 없다. 주위 사람들의 반발심을 사게 되어 그로 인해 일이 벽에 부딪히기가 쉽다.

● 코가 좌우로 비뚤어진 꿈
하는 일마다 실패를 보거나 장애가 생겨 근심하게 되

는 꿈으로, 사업이 어려움을 겪게 될 것을 암시한다.

● 코를 수술하거나 치료를 받는 꿈
주변이나 윗사람으로부터 간섭과 통제를 받게 되는
꿈이다.

● 코뼈가 부러지거나 코가 구부러진 꿈
현재 자신이 하고 있는 일이나 처신이 올
바르지 못하다고 스스로 느끼고 있다는
증거다.

코피

● 코피가 터져 흐르는 꿈
자신의 재물을 세상에 공개할 일이 생긴다. 혹은 재물
의 손실을 가져오거나, 자존심 상할 일이 생기기도 한다.

● 코피가 터져서 온통 얼굴에 피가 묻는 꿈
사업이나 추진하던 일 등에서 손해를 보게 된다. 그러
나 만약 코피만 났다면 재수가 좋다.

털

● 몸에 털이 난 사람을 본 꿈

사업적인 일로 만난 사람이 솔직하지 않아서 그와 다투거나 언쟁이 생길 것이다.

● 몸의 털을 깎는 꿈

주변 사람이나 집안의 가까운 사람이 죽게 되는 징조이며, 다른 사람들 앞에서 망신살이 뻗치게 될 꿈이다.

● 여성이 자기 유방에 털이 잔뜩 나 있는 꿈

금전이나 건강에 손실에 입을 징조다.

팔

● 누군가가 흉기로 자신의 팔을 자르는 꿈

오른팔이라면 아버지나 형제, 아들 혹은 업무와 관련한 어떤 사람에게 좋지 않은 일이 일어나게 되며, 왼팔이라면 어머니나 자매, 딸, 연인, 친구 등과 관련하여 좋지 않은 일이 생기거나 불행을 당하게 될 것을 예시한다.

● 팔을 다쳐 붕대를 감은 꿈

당신이 아끼는 부하직원이나 아랫
사람, 세력이 크게 손상받을 일이 있
을 것이다. 만약 다른 사람이 팔을 다쳐 붕
대를 감은 모습을 지켜보는 꿈이라면 그 사람의 세력
이 크게 손상받을 일이 있음을 암시하는 꿈이다.

● 팔을 삐거나 팔이 부러지는 꿈

권위나 지위가 하락하고 권력을 잃게 되며, 직장을 잃
거나 그동안 의지했던 사람을 잃게 될 암시다. 여성이
라면 남편을 잃게 될 수도 있음을 나타내는 흉몽이다.

● 팔에 종기가 돋거나 상처가 생기고 고름이 나는 꿈

사업적으로 장애가 생겨서 고통을 당하거나 의욕을
상실하는 등 손해와 곤란을 겪게 될 것이다.

피

● 가래를 뱉었는데 피가 섞여 나오는 꿈

정신적으로 물질적으로 손해를 입을 수도 있음을 암
시한다.

● 누군가 상대방 옷에 더러운 피가 잔뜩 묻은 것을 보는 꿈

꿈속의 상대방이 횡사한 것을 보거나 듣게 된다.

● 몸에 묻은 피를 닦아내거나 옷을 빠는 꿈

계약을 해약하는 일이 생기거나, 재물을 잃을 일 등이 생긴다.

● 어떤 사람의 몸에서 피가 나는 것을 보고는 무서워 도망치는 꿈

돈을 벌 기회를 얻었지만 어떤 죄의식으로 인해 기회를 잡지 못하게 될 것이다.

● 자신의 옷에 피가 묻는 꿈

그 피가 적은 양이었다면 괜한 일로 오해를 받거나 누명을 쓰게 될 것이다.

● 자신이 칼에 찔렸는데 더럽고 검은 피를 철철 흘리는 꿈

불행이 찾아올 징조다.

● 자신이 피를 너무 많이 흘려 위험했던 상황의 꿈

피를 흘리거나 보는 꿈은 대체로 좋은 의미를 가지고
있지만, 이렇듯 많은 피를 흘린 꿈은 오히려 경제적으
로 큰 손실을 입게 될 징조다. 재물이 빠져나가 사업
이 어려워질 수 있다.

● 칼로 사람을 찔렀는데 피가 나지 않는 꿈

사업이나 일이 성사되어도 감명을 받지 못하거나 돈
이 생기지 않을 것이다.

● 피를 마시고 있는 꿈

생명력을 보충받는다는 의미일 수도 있고, 또 한편으
론 건강상의 문제가 발생할 조짐으로 볼 수도 있다.

● 항문에서 피가 흐르는 꿈

일이나 사업상으로, 혹은 거래에서 손실을 보게 된다.

혀

● 괴한들이 꼼짝 못하게 하고 자기 혀를 빼내어 자르
려고 했던 꿈

쓸데없는 수다나 험담으로 문제가 생길 것을 암시하는 꿈이다. 평소에 남의 이야기를 일삼았다면 이제는 그만하라는 일종의 경고다. 지나치게 입이 가벼워 전하지 말아야 할 말을 전함으로써 난처한 상황에 빠지게 될 수 있으니 말조심을 해야 한다.

● 누구의 것인지는 모르는 혀가 자기 손바닥에 놓여 있는 꿈

언행을 조심하라는 경고의 뜻이 담긴 꿈이다. 무심코 던진 말 한마디로 다른 사람에게 심한 상처를 줄 수 있다. 또한 자신의 인격에도 손상이 갈 수 있으므로 조심해야 한다.

● 누군가와 얘기를 하고 있다가 그 사람이 혀를 내밀었는데, 그 혀가 엄청나게 길어서 자기 몸을 휘감아버렸던 꿈

직장 동료나 동업자가 자신을 곤경에 빠뜨릴 수 있으니 조심해야 한다. 그 동료나 동업자에게 자신의 명성이나 능력을 이용당할 수 있고, 그럴듯한 언변에 속아 손해를 입게 될 수 있다.

● 두 개의 혀를 가지고 있는 사람을 본 꿈

거짓말을 하는 사람을 만나게 되어 유혹에 넘어가게
될 징조이니 사람의 말을 가려서 들어야 한다.

● 상대방이 혀 꼬부라진 소리로 말을 하는 꿈

하루 종일 주변에 농담과 놀림을 받게 된다. 거짓, 희
롱, 조소 등의 액운이 생길 징조다.

● 자기 혀가 반쪽으로 갈라지는 꿈

한마디로 흉몽이다. 직장이나 단체에서 자기 입지나
영향력을 잃게 되고, 실권을 놓치게 될 징조다.

제3장

물건

가구

● 가구를 방이나 집 밖으로 내가는 꿈

직장을 잃거나 사업이 망해서 어려움을 겪게 되거나 가정의 화목이 깨질 조짐이 있다. 혹은 가족 중에 죽음을 맞이할 사람이 생긴다.

● 가구를 파는 꿈

재물이나 금전적인 면에서 손해, 손실을 보게 되는 꿈이다.

● 가구의 위치를 바꾸거나 돌려놓는 꿈

임산부의 경우 유산을 하게 될 우려가 있으므로 매사에 몸조심을 하는 것이 중요하다. 일반적으로는 하고 있는 일에 장애나 걸림돌이 생기게 되는 것을 암시한다.

● 방 안에 가구가 하나도 없이 텅 비어 있는 꿈

집안 살림에 어려움이 닥칠 징조다. 가장이 실직을 하거나 하던 사업이 망해서 살림이 막막해지고, 돈 들어갈 곳이 생겨 곤궁해지게 된다.

● 비싼 가구를 사는 꿈
집안에 있던 돈이 없어지는 꿈으로 주의하는 것이 좋다.

가면

● 얼굴에 가면을 쓴 사람을 만나는 꿈
낯선 사람으로부터 폭언을 듣게 되
거나 폭행을 당할 것을 예시하므로
주의해야 한다.

가방

● 가방을 잃거나 도둑을 맞는 꿈
직업, 직장, 사업 기반, 집, 협조자 등을 잃게 된다.

● 가방이나 봉투에 서류가 가득 들어 있는 꿈
지나치게 일에만 매달리고 있어서 이런 꿈을 꾸게 된
것이다. 개인 생활이나 가족에게도 좀 더 신경 쓰는
것이 좋겠다.

● 수업시간에 책가방을 분실하여 쩔쩔매는 꿈

실제로 물건을 도난당하게 되어 애를 먹게 되는 꿈이다. 실수, 실패, 사고 등을 암시하는 흉몽이다.

● 짊어진 책가방을 내던져버리는 꿈
학업이 중단되고, 자유인으로 떠돌이 신세가 될 것이다. 성인은 실직하게 되고, 사업에 실패를 보게 될 것이다.

거울

● 거울에 자기가 미워하던 사람이 나타난 꿈
이유 없이 밉거나 불쾌한 사람을 만날 일이 있을 것이다. 그 사람으로 인해 귀찮은 일이 생기며, 그가 당신의 일에 쓸데없이 간섭을 해올 것이다.

● 거울을 보았는데 거울 속에 아무것도 보이지 않는 꿈
당신이 이루고자 하는 일이나 사업, 계획 등을 목적한 대로 이룰 수 없을 것이다. 혹은 먼 곳에서 무슨 소식을 들을 일이 있게 된다.

● 거울이 뿌옇게 보이는 꿈

사업이나 어떤 일들이 잘 풀리지 않고 근심거리가 생기게 될 것을 예시한다. 반대로 거울이 맑고 밝게 보였다면 대길할 꿈이다.

● 깨끗하지 못하고 뿌옇게 흐린 거울을 보는 꿈
자신이 남들에게 뭔가를 속이고 있거나 반대로 다른 누군가에게 자신이 속고 있음을 나타내는 꿈이다. 주위에 자신을 함정에 빠뜨리려는 사람은 없는지, 또 자신이 주위 사람들의 질투를 사거나 시기를 받을 정도로 겸손치 못하게 행동한 것은 없는지 잘 생각해보도록 한다.

● 깨지거나 금이 간 거울을 보는 꿈
가정의 파탄, 이혼 등을 예시하는 꿈이다. 사업적으로도 어려운 상황에 처하게 된다.

● 다른 사람이 자기 거울을 가지고 있는 꿈
자기 아내가 외간 남자와 성관계를 맺을 것에 대한 예시로 본다. 아니면 그런 의심을 품고 있는 자신의 심리 상태를 나타낸 꿈이다.

● 자기의 거울을 누군가 다른 사람이 가지고 노는 꿈
누군가 당신의 남편이나 아내에게 흑심을 품고 있거
나 희롱을 할 수 있다. 또는 배우자의 외도를 알게 될
것이다.

고기

● 고깃국인데 고깃덩어리는 하나도 없고 국물만 있어
서 그것을 훌훌 마신 꿈
남들이 다 해놓은 일에 끼어들어 이익이나 소득을 나
누게 되는 일이 생길 것이다. 혹은 감기를 앓게 될 수
도 있다.

● 뼈만 앙상하게 남은 고기를 보는 꿈
어떤 일거리가 큰 가치가 없거나, 사업을 크게는 벌여
놓았으나 실리가 없다.

과자 · 사탕

● 과자 접시가 눈앞에 있어 먹고는 싶은
데 먹지 않는 꿈

어떤 욕정이나 욕구를 억제해야만 할 일이 생긴다.

● 달콤한 과자를 먹는 꿈
위장에 이상이 있거나 이미 병이 진전되어 있다는 암시다.

관

● 관이 옥상이나 용마루 위에 얹혀 있는 꿈
죽음을 예시하는 불길한 꿈이다.

● 약혼자가 자신을 붕대로 칭칭 감아 관 속에 넣는 꿈
약혼을 하기는 했지만 자신의 마음은 이미 약혼자에게 있지 않거나, 약혼을 후회하고 있는 것이 솔직한 마음이다. 더 늦기 전에 자신에게 솔직한 쪽을 선택하는 게 현명하다.

● 자신이 빈 관을 들고 서 있는 꿈
사기를 당하거나 결혼이 깨지고, 추진하던 일이 수포로 돌아가게 되니 여유 있게 생각하는 좋다.

● 자신이나 다른 사람이 산 채로 관 속에 들어가는 꿈

실제로 다툼이나 구설수에 휩싸이게 되고, 소송할 일
이 생기는 꿈이다. 말이나 행동을 조심하는 것이 좋다.

굴건

● 웃어른이 죽어 있는 앞에서 굴건에 상복을 입고 있
는 꿈

실제로 죽음을 암시하는 경우가 많다.

● 자신이 굴건을 쓰는 꿈

다른 사람도 굴건을 쓰고 있었다면, 그와 함께 유산을
나누어 받거나 유산 문제로 다툴 일이 생긴다.

귀걸이

● 귀걸이를 고르고 있는 꿈

지나친 자만심으로 오히려 화를 당하게
된다. 즉, 주위의 시샘이나 노여움을 사
서 자신에게 해가 돌아오는 일을 당하게
된다.

그릇

● 냄비나 솥이 찌그러진 꿈

가족 중에 사고를 당하거나 병에 걸릴 사람이 생겨서
근심이 가득할 것을 암시한 꿈이다. 또 생활이 궁핍해
지게 될 암시다.

● 새로 산 그릇이 깨진 꿈

가족에게 불행이 닥칠 징조다. 혹은 부부간에 갈등이
생겨서 이혼하거나 별거하게 된다.

● 식탁 위에 지저분한 그릇들이 아무렇게나 놓여 있
는 꿈

좋지 않은 일들이 생겨 심신이 피곤해질 것을 암시하
는 꿈이다.

그림

● 자신이 그린 그림이 만족스럽지 않아 짜증을 느끼
는 꿈

계획이나 소원이 미수로 그치게 되고 생활하는 데 불

만 등이 쌓이게 된다.

● 그림을 잘못 그린 꿈
사업이나 계획에 문제가 생기거나, 직장에서 어렵고
힘든 자리로 이동을 하게 되어 업무에 난관을 겪게 되
는 꿈이다.

● 여러 종류의 그림이 꽂혀 있는 앨범을 보는 꿈
사건이 생겨 누군가를 추적하게 된다. 주변으로부터
좋지 않은 일을 경험하게 되거나 구설수에 오르게 되
는 꿈이다.

그물

● 바다에 그물을 처놓았는데 악천후로 인해 빈 그물만
걸려 있는 꿈
노력이 수포로 돌아갈 것에 대한 암시다. 기대를 잔뜩
하고 있지만 실망만 크게 된다.

금고

● 금고를 잠그는 꿈

자금이 동결되거나 사업이 중단되고, 청탁했던 일이
꼬이게 되는 것을 암시한다.

● 금고에 넣어둔 뭉칫돈을 몽땅 털리는 꿈

집안에 도둑이 들거나 손재수를 입는 등 근심과 걱정
거리가 생기게 되는 꿈이다.

기차

● 기차가 전복되거나 폭파되어 많은 사람들이 죽거나
부상을 당해 아우성치는 꿈

관공서의 기능이 마비될 일이 생길 수 있다. 혹은 회
사에서 인사이동이나 구조조정, 매각 등과 같은 큰 변
화에 직면하게 될 것이다. 투시적인 꿈이라면 현실에
서도 기차사고가 날 것이다.

● 기차나 전철에서 내렸는데 목적지가 아니었던 꿈

잘못 알고 중간에 내렸거나 내려야 할 곳을 지나쳐서
난감해했다면 성과는 만족스럽지 않게 된다.

물건

● 기차를 타고 여행을 하는 꿈

사업이나 추진하는 일에 대해 다시 한 번 검토할 일이
생기거나, 어떤 단체와 함께 일을 추진하게 될 것을
예시한다.

● 기차를 타고 여행하는데 중간에서 내리는 꿈

일이나 사업, 직장 생활 등에 제동이 걸리게 된다. 혹
은 누군가에게 부탁한 일이나 계획한 일 등이 중단된다.

● 어린아이를 업거나 짐을 지고 기차에 오르는 꿈

어린아이나 짐은 현실에서의 힘에 부친 일이나 고통,
근심 걱정거리의 상징물이다. 따라서 이런 꿈은 부담
감을 가지고 어떤 단체나 기관의 일을 해나가야 함을
뜻한다.

나침반

● 나침반을 잃어버리는 꿈

당분간은 하는 일마다 잘 안될 것이다.
따라서 사업을 구상 중이거나 어떤 일을
계획하는 사람들이라면 다시 생각해봐야 할 것이다.

날개

● 새의 날개가 부러지는 것을 본 꿈
자식에게 변고가 생긴다.

● 새의 날갯죽지가 떨어지는 꿈
사업가라면 자신의 사업체 일부를 잃어야 하고, 정치가라면 자신의 세력이 꺾일 것이다. 혹은 후원자나 자신의 동조자를 잃는 수도 있다. 간혹 자손이 죽거나 살아도 불구가 되는 일도 있다.

● 하늘을 날아다니다가 날개가 부러져서 추락한 꿈
일이 잘되다가 좌절을 겪게 될 징조다.

● 황새의 날개가 부러지는 꿈
자식이나 동생, 아랫사람에게 좋지 못한 일이 생기게 되는 것을 암시한다.

단추

● 누군가 자신의 교복 단추를 모두 떼어낸 꿈

머지않아 어떤 일로 학교에서 퇴학을 당하거나 가정 형편상 학업을 계속할 수 없게 될 것이다.

달걀

● 달걀을 바닥에 떨어뜨리는 꿈

흉몽이다. 가정의 화목과 행복이 깨지고 곤경에 처하게 된다. 또한 밖에서도 대인 관계에 있어 어려움을 겪고, 다된 일이 실패로 돌아가는 등 불행을 겪게 될 것이다.

● 깨진 달걀을 날것으로 먹는 꿈

잘 나가던 일에 장애가 생겨 중도에 좌절되고 만다. 깨진 달걀과 마찬가지로 오래되어 곯은 달걀을 먹는 것 역시 배신을 당하거나 사기를 당해 나쁜 결과를 맞이하게 될 불길한 징조다.

도끼

● 나무를 잘라낼 목적으로 도끼질을 하는 꿈

자신의 세력이나 사업이 제제를 받거나 장애가 생기

게 되는 꿈으로, 조력자에 의해서 사업이 실패하게 된다는 경고의 꿈이다.

도자기

● 귀한 도자기를 사는 꿈
꿈속에서 사고 난 후에 마음에 들지 않았다면 환경이 바뀐 후에 적응을 잘하지 못할 것이 예상된다.

● 깨지거나 금이 간 도자기를 본 꿈
가정에 불화가 생기거나 사회적으로 몹시 난처한 입장에 놓일 징조다.

돈 · 동전

● 가족들이 둘러앉아 재산을 나누는 꿈
가족 간에 불화가 일어날 암시다. 이와 아울러 재산이 점점 줄어들고 가세가 기울어지게 된다. 그동안 저축했던 재산까지도 써야 할 상황이 닥치게 된다.

● 길바닥에서 녹슨 동전을 줍는 꿈

친구나 가까이 지내는 사람에게 우환이 닥칠 징조다.

● 금고에 있던 돈다발을 도둑맞는 꿈

가족 간에 불화가 생기거나 절친한 사람과 등을 돌리고 멀어질 일이 생긴다. 또 집안 살림이 궁핍해진다는 암시다.

● 남에게서 받은 돈이 종이로 변하는 꿈

누군가에게 강압적인 명령을 받아 복종해야 하는 일이 생긴다.

● 도박이나 게임에서 큰돈을 따서 기뻐하는 꿈

꿈과는 반대로 재물이 빠져나가게 될 것이다. 사업이 난관에 부딪히게 된다는 암시다.

● 돈궤를 잔뜩 짊어지고 가는 말을 본 꿈

일이 잘 풀리지 않아 힘겹고 마음이 무거워질 징조다. 사업이 고전을 면치 못하게 된다. 또한 자신만 너무 힘든 짐을 지고 있어서 더 이상 버텨나가기 힘들다는 심리가 이런 꿈을 꾸게 한 것일 수도 있다.

● 잘 모르는 사람에게 돈을 빌려달라고 애원하는 꿈
사업주가 이런 꿈을 꾸었다면 회사에 노사분규가 일
어나거나 파업 등이 일어날 것을 암시한다. 정치가나
공직에 있는 사람이라면 뇌물 수수나 비리 등에 연루
되어 곤욕을 치르게 된다.

● 주머니 속에 있던 동전을 강물에 던져버리는 꿈
상황이 더욱 나빠질 징조다. 적자가 계속되며 회생의
기미가 보이지 않는다.

● 해안가에서 돌멩이를 들춰보니 동전이 가득 들어 있
어서 도로 숨겨 두는 꿈
현재 하고자 하는 일이나 추진 중인 일이 더디게 진행
된다. 마음의 여유와 생각의 깊이가 깊어진 후에 시작
하는 것이 좋다.

◀ 돋보기

● 돋보기로 뭔가를 들여다보고 있는 꿈

신중한 분석과 검토가 필요하다는 촉구의 의미를 가진 꿈이다. 성급한 결정을 내리기보다는 조금 여유를 가지고 꼼꼼히 따져보고 결정해야 한다.

물건

돗자리

● 배 가운데 돗자리를 깔고 누워 있는 꿈

가까운 미래에 질병이 생기거나 중한 병을 얻게 되는 등 불행한 일을 당하게 된다는 꿈이니 건강을 살피는 것이 좋다.

떡

● 떡을 불에 구워 먹는 꿈

약속한 일이나 계획이 수포로 돌아가는 꿈이다.

● 빵이나 떡을 먹고 체하는 꿈

실제로 급체를 하거나 복통으로 고생하게 될 징조다.

맨홀·구덩이

● 길을 걷다가 맨홀에 빠지는 꿈

누군가의 음모나 비방으로 인해 자신이
곤경에 처하고 피해를 입게 될 징조다.

● 맨홀이나 구덩이 속에 묻혀서 죽는 꿈

계획이나 사업이 장애를 만나 답답하게 되는 꿈이다.
사업이 중단되거나 실패를 겪게 되어 고생을 하게 될
것이다.

● 술에 취해 맨홀이나 구덩이에 빠지는 꿈

근래에 좋지 않은 일에 휘둘리거나 재판을 받을 일이
생긴다. 또는 자신을 모함하거나 미워하는 사람이 나
타날 징조다.

모자

● 바람에 모자가 벗겨져 날아가는 꿈

직장에서 자기 위치를 잃게 되고, 예술가나
작가라면 명예를 잃을 징조다. 수치스러운 일

• 149

을 당하거나 치명적인 일로 구설수에 오르게 된다.

● 자기 모자를 남에게 빼앗기는 꿈
업무상의 실수로 인해 명예가 훼손되고 곤경에 처할
조짐이 있다.

물건

문서

● 누군가로부터 문서를 받았는데 빨간 줄이 그어져 있
는 꿈
오랫동안 기다렸던 소식을 받거나, 다른 사람의 사망
소식을 접하게 될 것을 암시하는 꿈이다.

● 다른 사람의 문서에 자신의 도장을 찍어주는 꿈
남이 시작한 일이나 계획을 이어받아 자신이 마무리
를 해주거나, 번거로운 남의 일을 대신해주게 된다는
꿈이다.

● 문서의 글씨가 보이지 않은 꿈
계획한 일이 중단되고 유명무실해지게 되
는 꿈이다.

● 문서를 찢거나 태워버리는 꿈

자신의 신분이나 권리, 명예, 어떤
일거리 등을 잃게 되어버린다. 만
약 찢거나 태워버린 문서를 어딘가에
잘 간직해두었다면 그로 인한 근심 걱정이 남고, 찢거
나 태운 재를 내다버리거나 어디론가 날아가 버렸다
면 문제가 깨끗이 해결되어 다시 새롭게 일을 시작할
수 있을 것이다.

물
건

● 문서를 태웠는데 재가 남는 꿈

사건이나 문제가 해결되지 않는다. 증거를 남기에 되
어 곤란에 처하게 될 것이다.

● 자기 집 집문서를 다른 사람에게 넘겨주는 꿈

자신의 권리나 재산 등을 잃을 수 있다.

물건

● 귀중한 물건이 불에 타서 재만 남은 꿈

사업이 추진되어 잘 진행되다가 돌발적인 사고나 장
애로 인해 재물에 손해를 보게 되는 꿈이다.

● 누군가 다른 사람을 위해서 물건을 사는 꿈
자기 입장이 불리해질 징조다. 열심히 해도 남 좋은
일만 시키게 되는 결과를 보게 된다.

● 물건을 바꾸는 꿈
진행되던 일이나 사업이 순조롭지 못하게 되는 것을
암시하므로 진행하던 일을 좀 더 미루는 것이 좋겠다.
또한 질병을 얻을 수도 있다.

미니스커트

● 미니스커트를 입고 외출하는 꿈
엉뚱한 일에 휘말려 골치를 썩게 될 징조다.

● 미니스커트에 관한 꿈
아무 관계도 없는 일에 휩싸이게 될 징조다.

바구니

● 바구니가 망가져서 아무것도 담을 수 없게 된 꿈
생활이 궁핍하게 될 징조다. 한편 부부 관계에 대한

불안이나 두려움을 나타내기도 한다.

● 바구니에 잡초만 가득 담겨 있는 꿈
나물인 줄 알고 보았더니 대부분이 잡초여서 버리게
생겼다면, 자신에게 아무 도움도 되지 않는 것을 부둥
켜안고 있다는 의미다.

● 바구니가 텅 비어 있는 꿈
추진하던 사업에서 성과를 보지 못하게 되거나 실익
이 없는 헛수고가 될 것임을 암시한다.

바늘

● 누군가에게 몰래 다가가 바늘로 찌른 꿈
자신이 그 사람을 몹시 미워하고 있음
을 나타낸다. 본인이 자각하지 못한 경
우라도 무의식적인 작용으로 이런 꿈을
꾸기도 한다.

● 바늘에 실을 꿰는데 아무리 꿰려 해도 실이 꿰어지
지 않는 꿈

실패만 거듭하게 된다.

● 바늘을 잃어버리고 찾지 못하는 꿈
계획한 일을 제대로 이루지 못하고 사업이 점차 어려움에 처하게 되는 흉몽이다.

● 바늘이 하늘에서 무수히 쏟아져 옷에 박힌 꿈
자신이 한 일이나 업무에 대해서 다른 많은 사름들의 평가를 받게 되는 징조이므로 대인 관계나 행동을 조심하는 것이 좋겠다.

● 바느질을 하다가 바늘이 부러지는 꿈
공든 탑이 무너진다. 오랫동안 해온 공부나 사업에 실패를 하게 되어 근심이 생길 것이다.

● 아는 사람이 손에 바늘이나 예리한 핀을 들고 있어 계속 불안해했던 꿈
그 사람이 평소 자신에게 좋지 않은 감정을 품고 있다는 암시다.

● 옷에 매달려 있던 바늘이나 옷핀이 몸을 찌르는 꿈

양심적으로 떳떳치 못한 일을 하고서 양심이 걸려 불편해하고 있다는 것을 의미한다.

● 찢어진 옷을 꿰매 붙이다가 바늘이 부러져서 중단하게 된 꿈

신상에 위험이 닥칠 예시의 꿈이다. 특히 교통사고에 주의할 것. 직장인이라면 업무에 있어서 무리하게 서두르지 말고 차근차근 일을 처리하라는 암시가 담겨진 꿈이다.

바지

● 바지의 허리띠가 끊어지는 꿈

진행하고 있던 계획이나 사업, 일, 공부 등이 원하는 대로 이루어지지 않고 장애를 만나거나 중단하게 되는 꿈이다.

● 바지 지퍼가 고장 나는 바람에 잠글 수 없어 당황한 꿈

실제로 망신을 당할 수 있으므로 사소한 일에도 신경을 써야 한다.

● 입고 있는 바지가 찢어져 있었던 꿈

애인과의 관계, 친구와의 관계에 있어서 고민이 생기고 마음이 심란해질 것이다.

반지

● 강도에게 반지를 뺏기는 꿈

결혼 생활이 파탄 날 징조다. 불륜으로 인해 가정이 깨지고 이혼하게 되거나, 부부 중 누군가가 심각한 질병으로 가정이 위기에 빠진다.

● 반지를 잃어버리는 꿈

중요한 사람을 잃게 된다. 특히 남편(아내)과의 이혼이나 사별이 우려되고, 애인과도 헤어질 것이다. 이밖에도 인생에서의 빛을 잃게 된다는 의미가 있다.

● 비어 있는 반지 상자를 받는 꿈

다른 사람의 꾐이나 유혹에 넘어가서 손해를 보게 될 것이다. 주변 사람들의 말을 경계하는 것이 좋다.

밥

● 밥 대신 생쌀을 씹어 먹는 꿈

건강이 악화되거나 몸을 다치게 될 징조다.

● 밥상에 밥은 없고 반찬만 즐비한 꿈

계획한 일이나 사업이 제대로 되지 못하고, 하던 일도 수박 겉핥기식으로 대충 처리하게 되어 소득이 없을 것이다.

● 밥을 먹으려고 밥솥을 열어 보니 밥이 조금도 없었던 꿈

경제적으로 궁핍한 생활이 찾아올 암시다.

● 조밥이 보이는 꿈

고사가 있거나 집안에 우환이 생기는 꿈으로, 가족이나 가까운 친지의 죽음을 맞게 되는 수가 있다.

방망이

● 다듬이질을 하다가 두 개의 방망이가 맞부딪치는 꿈

사업의 동업자나 애인, 절친한 친구, 배우자 사이에서
말다툼이 잦아질 것을 암시하는 꿈이니 말을 조심하
는 것이 좋다.

● 방망이의 위치를 옮기는 꿈
사업이나 계획에 있어서 사람을 찾거나 붙들어야 하
는 등 번거로운 일이나 말썽, 장애가 생기는 꿈이다.

● 야구 방망이가 부러지는 꿈
진행하던 일이나 계획이 도중에 문제가 생기게 되거나,
자신의 자존심이 상하는 일이 생겨 좌절하게 되므로
조심하는 것이 좋다.

● 야구 경기 도중 방망이를 휘두를 때 뜻밖의 방해를
받는 꿈
자신의 건강에 대해 지나치게 걱정하고
있을 때 꾼다. 염려하고 있는 심리 상태
를 보여주는 꿈이다.

방석

● 거적 같은 방석이나 헤진 방석 등을 깔고 앉아 있는 꿈

집안에 좋지 않은 일이 생기게 된다. 우환이나 손재를
치르든지 말썽이 생기게 되는 꿈이다.

● 자리나 방석 등을 찢거나, 내다 버리거나, 지저분한
곳에 방치하는 꿈

집안에 금전적으로 손해가 생기며, 사업에 곤란한 일
이 발생하고, 집안 살림이 어수선해져서 좋지 않은 일
이 생기게 된다.

배 · 선박

● 배가 뒤집히거나 가라앉는 것을 본 꿈

인생의 위기를 암시한다. 누군가의 속임수나 배반에
주의할 것. 사업에 있어서나 가정에 있어서 심각한 위
기를 맞게 되므로 마음을 단단히 먹고 서로 협조하여
잘 헤쳐나가야 한다.

● 배가 항구에 정박해 있는 꿈

인생의 침체기에 들어섰음을 상징한다. 혹은 인생의
목표를 잃고 방황하고 있음을 상징한다.

● 배를 타고 강을 건너는 꿈

배를 타고 강을 완전히 건너가는 꿈은
좋지 않다. 죽음을 암시하기 때문이다.
이 고비를 잘 넘기면 기사회생하여 새
로운 삶을 시작할 수 있다.

● 배를 타고 어디론가 떠나는 꿈

인생에 있어서 중요한 전환기를 맞게 된다. 간혹 죽음
의 징조로 보기도 한다.

● 배를 타야 하는데 배가 항구를 떠나버리는 꿈

바라던 일이나 추진 중인 사업이 좌절된다.

● 배에서 춤추거나 노래를 부르는 꿈

사업상 시비가 있을 수 있다. 혹은 사업상 누군가에게
호소할 일이 생긴다. 만약 배에서 누워 있었다면, 오
랫동안 누군가를 기다리거나 병상에 눕게 된다.

● 아무도 없는 배에 혼자 타고 떠내려가는 꿈

사업이나 어떤 일에 혼자의 힘으로 감당하기에는 힘
든 일에 직면하거나 수습할 수 없는 일에 부딪힌다.

또는 병원에 입원하게 된다.

● 자기가 탄 배가 폭풍을 만나 뒤집어지려고 해서 배 안에 있는 사람들이 아우성을 치며 아비규환이 되는 꿈

사업을 하는 사람이 이런 꿈을 꾸었다면 회사가 부도에 직면해서 하루아침에 모든 것을 잃게 될 위기에 처해 있다는 암시다. 가정적으로는 가장이 실직하거나 병을 얻게 되어 집안 전체가 흔들리게 될 암시이므로 주의한다.

물건

보석

● 금은방에 가서 값비싼 보석을 사는 꿈

적지 않은 재산 손실을 입는다. 집안 살림이 궁색해져서 궁핍한 생활을 해야 할 상황이 온다.

● 두 손에 넘칠 만큼 많은 보석을 얻는 꿈

꿈 내용과는 반대로 재물 손실이나 사업에서 장애를 만나 실패하게 될 것을 예시하는 꿈이다.

● 보석을 잃어버리고 안타까워하는 꿈

꿈 그대로 중요한 것을 잃어버릴 수 있으니 각별히 유의해야 한다. 만약 보석을 잃어버리고도 마음이 편했다면 뜻밖의 행운을 만날 것이다.

물
건

● 보석의 색깔이 흉하게 변하는 꿈

당신의 신상에 좋지 않은 변화가 생길 것을 암시하는 꿈이다. 직장이나 직책, 명예, 사업, 건강상에 좋지 않은 일이 생길 것이다.

● 보석함에 들어 있는 보석이 점점 줄어들어 아무것도 남아 있지 않는 꿈

불길한 꿈이다. 사업이나 집안이 경제적으로 큰 손해를 입고 기울게 될 징조다.

● 집 안에 있던 보석을 가족 간에 나누어 가지는 꿈

그동안 어렵게 쌓아왔던 재산이 흩어질 징조다.

> 보트

● 모터보트를 타고 수면을 가르며 질주하는 꿈

불안과 긴장에 휩싸여 있다. 본인도
그것을 느끼기 때문에 어떻게든 침착
해지려고 애쓰고 있는 것이다.

● 연인과 보트를 타고 놀이를 하는데 물결이 사나워서
보트가 흔들리거나 위태로워하는 꿈
연애나 사업, 일 등이 우여곡절을 겪게 되는 것을 암
시하는 꿈이다.

● 수상스키나 보트를 타는 꿈
많은 노력을 기울여도 성과나 진척이 더디고 작은 일
로 인해 매우 힘든 곤란에 처하게 될 것을 암시한다.

분뇨

● 분뇨차가 냄새를 풍기면서 자기 옆을 지나간 꿈
자신의 신변에 관해서 좋지 않은 소문이 나거나 다툼
이 생기고, 어떤 기관이나 단체로부터 좋지 않은 소문
을 듣게 되는 꿈이다.

● 분뇨차가 자기 집의 분뇨를 퍼 가는 꿈

재물을 잃게 되거나 체납된 세금을 납부하게 된다.

불단

● 불단에 모셔진 붉은 글씨로 쓴 위패 앞에 서 있는 꿈
가족이나 가까운 친척의 죽음을 암시하는 흉몽이다.

● 불단이 무너져 내리는 꿈
가족에게 불행이 닥칠 암시다.

● 불단을 정성껏 치장하는 꿈
오랫동안 집을 떠나 있게 될 것을 예시하는 꿈이다.

붓

● 붓이 꺾어지거나 붓촉이 빠지는 꿈
어떤 이루고자 하는 일이 잘 진행되지 못
해 좌절하게 될 것이다. 특히 시험이나
자신의 문학작품 등에서 성과를 보지 못할
것이다.

비옷

● 비가 쏟아지는 거리를 비옷을 입고 걷
고 있는 꿈

마음속의 근심이 해결되지 않아 착잡한
심정임을 나타낸다.

● 사람들이 많이 모여 있는 곳으로 들어가서 비옷을
벗는 꿈
구설수에 오를 일이 있겠다. 좋지 않은 소문이 나서
입장이 곤란해질 수 있으므로 행동이나 말에 각별히
주의해야 한다.

비행기

● 비행기가 추락하는 꿈
지금까지 쌓아온 부와 명예, 업적 등이 하루아침에 곤
두박질하게 될 것을 암시하는 꿈이다. 때로는 정말로
높은 곳에서 추락할 것을 예시하기도 한다.

● 비행기를 타고 어딘가를 가는데 기체가 흔들려 불안

했던 꿈

사업이나 직장에서의 위치나 직위, 신분이 불안해질
수 있다. 그러나 만약 그 비행기가 추
락하거나 폭발했다면 새롭게 사업을
시작하거나 재정비하고 직장에서의
직위도 새로워질 것이다.

● 전쟁이 일어나 비행기가 폭격을 하는 가운데 많은
사람들이 도망을 가면서 아우성치는 것을 보는 꿈
생각지도 못한 재물이나 재산의 손실을 하게 될 것이다.
혹은 관재구설에 휘말리거나 망신을 당할 일이 있다.

● 비행기가 착륙하면서 자가용으로 변한 꿈
공공기관이 사(私)기관으로 변하게 되고, 큰일을 하던
사람이 좌절을 겪거나 자리에서 물러나게 되는 꿈이다.

● 하늘 높이 새까맣게 비행기가 떠서 이러저리 비행하
는 것을 보는 꿈
두통을 앓거나 머릿속이 복잡할 만큼
까다로운 일을 당하게 된다.

빗

● **다른 사람이 머리를 깔끔하게 빗는 것을 본 꿈**

누군가가 자신을 음해하는 등 어이없는 일을 당하게
될 징조다.

● **머리를 빗다가 빗이 부러지는 꿈**

거울이 깨지는 것과 마찬가지로 불길한 일을 예시한
꿈이다. 가정이 파탄 나거나 이혼 등을 할 수 있다. 혹
은 어머니나 언니, 누나, 누이동생 등 여자 형제에게
우환이 닥칠 것을 예시한다.

● **머리카락이 뒤죽박죽 엉켜서 빗질하기가 어려웠던 꿈**

근심거리가 생기고 일이 풀리지 않을 것
을 암시하는 꿈이다.

빗자루

● **빗자루가 다 닳아 있는 꿈**

집안 살림이 어려워진다는 암시다. 한동안 궁색한 살
림에서 벗어나기 힘들 것이다.

● 빗자루를 타고 하늘을 나는 꿈

경솔한 행동, 신중하지 못한 경거망동을 경

고하는 꿈이다.

● 수수 빗자루가 보이는 꿈

하루 종일 힘에 겹게 벅찬 일로 분주하게 되거나, 남

의 하청을 받게 되는 꿈이다.

빨래

● 빨랫줄에 빨래가 바람에 나부끼고 있는 꿈

사람과의 관계에 신중을 기할 것을 촉구하는 꿈이다.

오래 사귀어오던 애인과 사이가 나빠지거나 이별이

우려된다. 가까웠던 사람들과 오해가 생기고 일이 꼬

여 틈이 벌어지기 쉬우니 조심하도록 한다.

빵

● 딱딱하게 굳은 빵을 먹는 꿈

생활이 곤궁해지고 여러 가지 문제에 부딪칠 것을 암

시한다.

● 빵을 자르는 꿈

일의 분배, 설명, 나열 등이 발생하게 될 꿈이다.

사진

● 상대방이 자신의 사진을 찍는 꿈

신변에 이상이 생기거나 형사 등이 자기의 신상 문제를 캐고 다닐 일이 생긴다.

또한 자신의 신상 문제가 기사화되어 불명예를 안게 된다.

● 아는 사람의 사진이나 초상화에 검은색 테두리가 둘러져 있는 꿈

죽음을 암시한다. 그 사람의 신변에 위험이 닥쳐올 예시이므로 가까운 사람이라면 주의하도록 보살펴주는 것이 좋겠다. 또 다른 의미로는 평소에 그 사람을 극도로 싫어했을 경우 그 사람을 다시는 보고 싶지 않다는 소망이 반영된 것으로도 볼 수 있다.

● 평소에 몹시 미워하거나 싫어하는 사람이 뜻밖의 어떤 사진에 찍혀 있었던 꿈

그 사람에 대한 반감이 반영된 꿈이라고
볼 수도 있고, 너무 감정에 치우치지 말고
좀 더 이성적이고 합리적으로 그 사람을
대하라는 무의식으로부터의 충고일 수도
있다.

● 필름이 없어서 사진을 못 찍는 꿈
지금 하고 있는 일이 풀리지 않거나 계획이 불분명해
지는 등 성취가 불가능해질 징조다.

상복

● 결혼식에 상복 입은 사람을 본 꿈
꿈에서 상복을 입은 그 사람이 유산을 상속하게 되거
나 어떤 계약에서 우두머리가 되어 이익이나 권리를
빼내가는 것을 의미한다. 즉, 당신의 권리를 다른 사
람에게 뺏기게 될 것이다.

● 웃어른이 죽은 후에 시신 앞에서 상복을 입고 있는 꿈
간혹 실제로 집안 어른들의 죽음을 예시하는 경우도
있다.

상자

● 다른 사람의 상자를 빼앗는 꿈
바람을 피우고 싶어 하는 심리, 혹은 질투의 감정을
나타내는 꿈이다.

● 보석함 등의 상자를 닫는 꿈
마음을 닫아버려 어느 것에도 마음을 열지
않는 상태다.

● 상자를 여는 꿈
자신이 남의 비밀을 캐내거나 자신의 비밀이 들통 날
것을 암시하는 꿈이다.

새둥지 · 새장

● 새장에 갇힌 한 쌍의 새를 보는 꿈
자신의 생활이 그 새의 처지와 같아지게 될 일이 생긴다.

● 새장의 새가 도망가는 꿈
믿었던 사람에게 배신을 당하거나, 의도한 것과 반대

의 결과가 생겨서 곤란해질 것을 암시한다.

● 자신이 새둥지를 만드는 꿈
누군가로부터 자신의 의지나 자유를 억압당할 일이
생기게 된다.

물건

색깔

● 빨간색이 피라고 느껴지는 꿈
장차 다가올 위험, 사고, 돌발적인 재해 등을 암시한다.

● 초록색이 아닌 것이 초록색을 띠고 있는 꿈
가까운 사람에 대한 불신감이나 불안, 감정의 변화 등
이 있음을 암시한다.

서랍

● 서랍 안이 텅 비어 있는 꿈
일을 열심히 해도 결과가 없다는 것을 보여주는 꿈이
다. 또는 신체적으로나 정신적으로 스트레스에 시달
리게 된다.

● 서랍을 열려고 하는데 잠겨 있어서 열지 못했던 꿈
뜻하지 않은 어려움이 닥칠 징조다. 그러나 꾸준한 노력과 인내로 참고 견디면 좋은 결과를 얻을 수 있다.

● 서랍이 열려져 있어 닫으려고 하는데, 아무리 해도
들어가지 않아 억지로 밀어넣으려고 애를 쓴 꿈
아내에 대한 성적인 불만이나 혹은 부부생활 자체에
대한 불안감이 나타난 꿈이다.

서류

● 서류철이나 파일들이 책상 위에 복잡하게 쌓여 있는 꿈
자기 입장과 태도를 분명히 해두지 않으면 주변 사람들에게 공연한 오해를 받게 된다는 것을 경고하는 꿈이다.

소반

● 소반이 깨지는 꿈
사업의 실패나 건강상에 문제가 생기게 되는 흉몽이다.

신변을 조심해야 한다.

소방차

● 소방차가 사이렌을 요란하게 울리며 달려가는 것을
보는 꿈
투시적인 꿈이라면 실제로 어딘가에 불이 날 것이다.
혹은 대규모 경찰병력이나 군대가 어떤 사건을 진압
할 일이 생길 것이다.

● 자기 집에 불이 났는데 소방차가 와서 물을 뿌려 불
을 끄는 꿈
별로 달가운 꿈이 아니다. 불이 일어날
듯 사업이나 집안이 일어나려는데 누
군가 찬물을 뿌리며 방해를 하기
때문이다.

속옷

● 브래지어가 낡고 찢어진 꿈
바람에 못 이겨 고귀하고 굳은 절개와 순결을 상실하

게 된다.

● 브래지어가 너무 가슴을 조여서 답답했던 꿈
스트레스가 쌓여 신경과민이 되어 있다는 증거다. 마음을 가라앉히고 침착하게 여유를 가질 필요가 있다.

● 브래지어가 너무 헐렁하게 느껴져서 불안했던 꿈
지나치게 긴장하고 있거나 경직되어 있는 데 대한 경고의 꿈이다. 분명한 자기 주관을 갖고 일을 추진하되 너무 집착하거나 몰두하여 독선으로 흐르지 않도록 조심한다. 주위의 의견을 귀 기울여 듣고 충분히 반영하여 일을 처리하는 것이 좋다.

● 착용하고 있던 브래지어를 벗어 던지는 꿈
남을 흉내 내다가 크게 망신당하게 될 꿈이다.

● 귀한 손님이 집에 왔는데 자신이 속옷 바람이어서 당황한 꿈
어떤 일에 끼어들고 싶지 않다는 거부감을 나타낸다. 또는 참여하고 싶어도 참여할 수 없는 처지에 있음을 의미한다.

물건

● 속옷 바람으로 눈이 오는 길거리를 걸어 다니는 꿈
곤경에 처하여 살림이 곤궁해질 암시다. 또 질병에 걸
릴 위험이 있으니 조심해야 한다.

● 속옷 바람으로 집 밖을 돌아다니는 꿈
사회적으로 업무상으로 곤란한 입장에 처
할 일이 생기게 된다. 이 일로 직위를 잃거
나 명예가 실추될 수 있다.

● 코르셋을 입는 꿈
코르셋을 입는 꿈은 압박감에서 헤어나지 못하고 있
다는 것을 보여준다.

솥

● 자신이 솥에 쌀을 넣고 밥을 짓는 꿈
솥에 쌀을 안친 양만큼 재물이 줄어들게
된다.

수돗물

● 수돗가에 큰 물통을 놓고 물을 받으려 하나 물이 나오지 않는 꿈

크게 사업을 벌이지만 돈이 안 생긴다. 일한 만큼 성과를 얻기 어렵다.

● 수돗가에서 물통에 물이 담겨져 있는 것을 보고 손을 넣어 휘젓는 꿈

갑작스러운 일이 생기고 자신의 형제나 그동안 친하게 지내던 사람에게서 돈을 빌려 어려운 일을 처리하게 된다.

● 수돗물이 콸콸 쏟아져서 그 물을 받아야 하는데 받을 그릇이 없는 꿈

사업을 크게 벌였으나 실패하여 부채만 잔뜩 지게 되거나, 벌어들이는 돈은 없이 소비만 따르게 된다.

● 큰 물통을 대고 수도를 틀었으나 물이 나오지 않는 꿈

이제 막 사업을 시작한 사람이 이런 꿈을 꾸면 사업이 성공하지 못할 뿐만 아니라 돈을 한 푼도 벌지 못하게 될 것이다.

수저

● 수저를 잃어버리는 꿈
재물의 일부를 손실 당하거나 집안 식구 중 누군가가
질병에 걸리게 될 것을 예시하는 꿈이다. 혹은 부부,
연인 간에 이별을 하게 될 수도 있다.

수표

● 수표인 줄 알고 받았는데 앞뒷면에 아무것도 쓰여
있지 않아 의아했던 꿈
무리한 투자로 적자가 누적되거나, 사기를 당해 피해
를 볼 징조다.

● 편지봉투 안에 수표가 들어 있는 꿈
발송한 편지가 주소 불명으로 반송되어 오는 꿈이다.
사업이나 일에 있어서 다시 원점으로 돌아갈 것이다.

술

● 누군가에게 자신이 술을 따라주는 꿈

그 사람과 말다툼을 하게 되거나 불
화를 겪게 된다. 드러내놓고 싸우지
는 않더라도 불편한 관계가 되거나
업무상으로도 대립하게 된다.

● 술에 취해 아내에게 술주정을 하는 꿈
누군가의 모함이나 계교에 빠져 있으니 이것을 깨닫
게 되면 크게 반발하게 될 것이다.

● 술에 취해서 몸을 가누지 못하다가 구덩이에 빠지
는 꿈
주변 인물의 음모나 모함으로 인해 오해를 받거나 죄
를 뒤집어쓰고 경찰서에 드나들며 조사를 받게 될 징
조다. 대인 관계에 특별히 신경을 써야 한다.

● 술지게미를 먹는 꿈
망신스런 일에 휘말리게 될 암시다. 불명예스런 일에
말려들어 직위를 상실할 수 있다.

● 항아리에 안에 있는 술이나 식혜, 수정과 등이 상해
서 먹을 수 없게 되는 꿈

재물을 잃고 곤궁해질 징조다.

● 술독이 텅 비어 있는 꿈
현재 하고 있는 일에서 성과를 볼 수 없다는 의미로
궁핍한 생활을 하게 될 것을 예시하는 꿈이다.

● 술잔이 깨진 꿈
가정에 우환이 생기고 재물이 빠져나갈 징조다.

스타킹

● 올이 풀린 스타킹을 신고 있었던 꿈
소매치기를 당하거나 신용카드를 분실하여 수습하느
라 애를 먹을 암시다.

시계

● 시계가 고장 나는 꿈
사업이 정체 상태에 빠지고 어떤 일에 있
어 해결점을 찾지 못하게 될 것이다. 혹
은 남편이나 아내가 병에 걸릴 수도 있다.

● 시계를 가지고 있는데 시계 줄이 없거나 끊어진 꿈

당신의 일을 도와주는 사람이나 후원자, 사업 파트너
등과 인연이 끊어지게 될 일이 있을 것이다.

● 시계를 사는 꿈

현재의 방만한 생활 습관에 대한 경고의 의미가 담긴
꿈이다. 좀 더 타이트하게 조여 생활할 필요가 있다.

신발

● 갑자기 하이힐의 뒤 굽이 부러져 난감했던 꿈

불길한 일이 발생할 징조다. 사업의 실패나 사랑하는
사람과의 이별 등이 우려되며 갑작스런 사고를 당할
염려도 있다.

● 고무신을 깨끗이 닦아서 보자기에 싸놓은 꿈

여성이라면 남편과 자식과 한동안 떨어져 살게 된다.

● 낡고 찢어진 신발을 신는 꿈

신분이 불안정해지고, 직업이나 사업 등이 불안해진다.
또한 병을 앓게 되는 것을 암시한다.

● 다른 사람이 자기 구두를 신고 있어서 이상하게 생
각한 꿈

남편(아내)이 밖에서 뭔가 문제를 일으키고 있으므로
주의하라는 경고성 꿈이다. 한편으로 자신의 사소한
실수가 커다란 문제로 비화되어 곤경에 처할 수 있으
니 조심하라는 경고일 수도 있다.

● 새로 산 구두가 잘 맞지 않아서 불편한 꿈

남편(아내), 현재의 애인이 자기와 잘 맞지 않아서 갈
등을 겪고 있을 때 이런 꿈을 꾸게 된다. 또는 금전적
으로 압박을 받고 있다는 의미이기도 하다.

● 선물 받은 구두 티켓을 가지고 제화점에 갔는데 맞
는 구두가 없어 그냥 되돌아오는 꿈

승진에서 제외되거나 심지어 좌천이나 실직의 우려가
있다. 또는 현재 하고 있는 사업이 결국 실패로 돌아
가게 될 것을 예시하는 꿈이기도 하다.

● 신고 나갈 신발이 없어서 맨발, 혹은 슬리퍼를 신고
나서는 꿈

생활이 곤궁해지고 불안해질 암시다. 대인 관계에 잡

음이 생기고 곤란을 겪게 된다.

● 신발 한 짝을 잃어버리는 꿈
혼사를 앞두고 누군가 이런 꿈을 꾸었다면
결혼이 곧 파탄날 것을 예시한다. 또는
사업 파트너나 친한 친구, 가족 중 한 사
람과 이별을 하게 된다. 혹은 직장을 잃을 수도 있다.

● 신발을 잃어버려 찾는 꿈
결국 실패로 돌아갈 일, 혹은 실속 없는 일에 시간과
정력을 낭비하고 있음을 경고하는 꿈이다. 다시 한 번
심사숙고해볼 것.

● 신발을 잃어버리는 꿈
부모나 자손, 친척, 직장, 재물, 집 등 기타 의지가 되
는 것 중에서 어떤 것을 잃게 된다.

● 신발이 낡아서 앞창이 벌어져 있거나 뒤 굽이 다 닳
아서 없어진 꿈
부부간에 심각한 문제가 생기거나 애인과 헤어질 위
기에 놓여 있다. 또는 남편(아내)에게 우환이 닥치게

된다는 예시이기도 하다.

● 신발이 작아서 아팠던 꿈
몰락해서 작은 집으로 이사를 가거나 퇴사하는 등 좀
더 신분이 하강한다.

● 우편물이 왔는데 풀어 보니 구두 한 켤레가 들어 있
었던 꿈
교통사고를 암시하는 꿈이다. 또는 뜻하지 않은 사고
나 사건으로 어려움을 겪게 된다.

● 웬 허름한 노파가 자기에게 아기나 인형에게나 맞을
것 같은 작은 구두를 건네주는 꿈
새로 추진하는 일이 어려움을 겪을 것이다. 아울러 윗
사람에게 복종하고 잘 따르는 것이 현재의 난관을 헤
쳐나갈 유일한 길이라는 것을 알려주는 꿈이다.

● 자기 신발을 내다 버리는 꿈
부하직원 등 아랫사람이 문제를 일으켜 근심이 생길
것이다. 너무 믿지만 말고 잘 살피는 게 좋겠다.

● 진흙땅을 걷고 있는데 신발이 진흙에 푹 빠져버린 꿈
잘 진행되던 일에 문제가 생길 징조다. 경쟁자나 경쟁
회사의 음모와 방해로 일이 난관에 부딪칠 수도 있고,
집안에 우환이 닥칠 수도 있다.

● 짚신을 신고 눈길을 걷거나 짚신이 베갯맡에 가지런
히 놓여 있는 꿈
자신이나 가족에게 병마가 닥치거나 사고로 죽음을
맞게 될 위험이 있음을 알려주는 꿈이다.

● 힘껏 공을 찼는데 신발이 함께 날아가 찾을 수 없게
된 꿈
다 된 혼사가 깨지거나 이성 관계, 불륜으로 인해 망
신을 당하고 곤경에 처하게 될 꿈이다. 한쪽 신발만
잃어버리는 꿈은 부부나 애인 관계에 문제가 생길 것
에 관련된 꿈이다.

십자가

● 십자가가 점점 커지면서 온 대지를 덮어버린 꿈
새로운 진리나 법규 등이 생겨, 그로 인해서 크게 어

려움을 겪게 될 징조다.

쌀통·쌀독

● 쌀독이 깨지는 꿈
안정적이고 풍족했던 시기가 지나가고, 궁핍하고 어
려운 시기가 다가옴을 암시한다.

● 쌀통 속의 쌀이 줄어들어 있는 꿈
수입이 감소되고, 사업상의 거래에서 손해를 보게 될
징조다.

악기

● 북과 같은 악기를 요란하게 두들기고 있는 꿈
주변의 대인 관계가 나빠지는 것을 암시하
므로 주의를 요한다.

● 연주를 하던 도중에 현악기의 줄이 끊어지는 꿈
진행하고 있던 일이 난관에 부딪치거나 실패하게 되
는 꿈이며 연인과 헤어지는 것을 상징한다.

● 타인이 여러 가지 악기를 연주하는 것을 보는 꿈

다른 사람들의 구설과 시비, 비방 때문에 다툼이나 문제가 생기게 될 것을 암시한다.

안경

● 선글라스를 쓴 사람을 보는 꿈

선글라스를 쓴 사람이나 그와 동일시되는 어떤 사람이 신분이나 명함 등을 위장하고 본심을 속이고 있음을 의미한다. 당신은 그 사람으로 인해 속 썩을 일이 생길 것이다.

● 안경을 꼈는데 자기 시력과 맞지 않는 꿈

예상이 빗나갈 것을 예시한다. 자기 생각을 너무 과신하지 말고 주위의 의견 또한 귀 기울여 들어보는 것이 좋겠다.

● 안경이 부러지는 꿈

협조자나 협조 기관이 자신의 일에서 손을 떼거나 멀리 떠나게 될 것이다. 혹은 자신의 오른팔과 같은 심복이나 부하직원과 이별을 하게 되거나, 자신이 가장

아끼는 물건을 잃게 된다.

● 안경이 없어져서 찾는 꿈

현재 올바르지 못한 생각이나 행동에 매달려 있기 때문에 다시 한 번 생각해볼 것을 촉구하는 꿈이다. 또 한편으론 불행이 닥칠 것에 대한 예시이기도 하다.

● 안경점에 가서 안경을 고르는 꿈

현재 감정적으로 몹시 흥분해 있거나 혼란해져 있는 상태여서 정확한 판단이나 이성적인 생각을 하지 못하고 있는 데 대한 경고의 꿈이다.

안테나

● 부러진 안테나를 붙여보려고 애쓰는 꿈

직감력이 쇠퇴해 있다고 느끼거나 정보에 어두워져 있는 것에 대한 불안한 심리가 반영된 꿈이다.

● 안테나를 뽑았는데 중간이 부러져 있었던 꿈

나쁜 소식을 듣게 될 것을 암시한 꿈이다.

앞치마

● 꼬질꼬질하게 구겨지고 얼룩이 져서 지저분한 앞치
마를 입고 있는 꿈
불행한 일에 대한 암시다.

약

● 전염병에 걸렸는데 약을 먹고 완치되는 꿈
자신이 속해 있던 기관이나 단체에서 떨어져 나와 사
업이나 진행하던 일을 재정비하게 될 것이다.

● 약병이 어지러이 사방에 흩어져 있는 것을 보는 꿈
학문이나 연구에 필요한 자료를 어렵게 구하게 되거
나 생계비를 구하기 위해 애쓸 일이 생길 징조다.

양말

● 검은 양말을 신는 꿈
환자가 이런 꿈을 꾸었으면 대단히 흉몽
이다. 병세가 악화되어 위험해진다.

● 낡아빠진 양말을 신고 있는 꿈

느슨해져서 발목에서 줄줄 흘러 내려오는 양말을 신고 있어서 자꾸만 벗겨져 신경이 쓰였다면, 자기 아내에 대한 권태감과 불만을 나타내는 꿈이다. 혹은 아무리 열심히 노력해도 좀처럼 성과가 나타나지 않아서 초조해하고 있는 심리를 나타낸다.

● 빨랫줄에 널어둔 양말이 없어진 꿈

자신의 지위가 불안정하다는 것을 알려주는 꿈이다. 직장에서 능력 있는 동료나 아랫사람에게 점점 밀려 자기의 입지가 불안해진다.

● 양말을 신었는데 양말이 다 닳아 해진 꿈

신세가 곤궁해지고 누구 하나 도와주지 않아 의지할 데가 없어질 수 있다. 혹은 직장이 든든하지 못해 근심할 일이 있겠다.

● 양말을 신으려고 서랍마다 뒤지는 꿈

멀리 떨어져 있는 가족, 친지, 친구가 잘 있는지 늘 불안해하고 있다는 것을 나타낸다. 이들과의 관계가 원만치 않을 때에도 이런 꿈을 꾼다.

● 양말이나 버선, 스타킹을 빠는 꿈
신분의 변화가 생기거나 직책 이동이 있으며, 사업 파트너를 새로 바꿔야 할 일이 생길 것이다.

● 자기가 신고 있는 양말이 몹시 더러워져 있었던 꿈
자신에 대한 주위의 평판이 나빠지고 명예가 실추될 암시다. 신발에 진흙이 잔뜩 묻어 더러워져 있는 꿈도 마찬가지의 해석을 할 수 있다.

양복

● 양복 윗저고리를 입거나 벗는 꿈
예기치 않았던 사고나 위험을 당하게 될 불길한 꿈이다.

● 양복이 맞지 않아 기분이 상한 꿈
직장 일에 불만이 있거나, 가정생활이 만족스럽지 않다는 것을 나타낸다.

어항

● 어항에 물이 마르거나 깨진 꿈

재물이 마르고 행복이 깨질 것을 암시한 꿈이다. 가족
에게 질병, 변고 등의 위험이 따르며 집안 전체에 우
환의 그림자가 드리우게 된다.

● 자신의 어항이 깨지거나 물이 마르는 꿈

부부간의 금실이 깨지고 사업이 무너지게
되니 조심해야 한다. 또는 자녀가 뜻
하지 않던 죽음을 맞을 수도 있다.

영구차

● 장의차가 자신의 집 대문으로 들어와 있는 것을 보
는 꿈

사업상 관계를 맺고 있는 기관과 재정적으로 의논할
일이 생긴다.

● 집 마당에 영구차가 주차되어 있는데 조문객이나 하
나도 없는 꿈

불길한 꿈이다. 매사에 조심해야 한다.

옷

● 남성의 경우, 자신이 여자 옷을 입고 여
자처럼 화장을 한 꿈

추진하던 일이 꼬이고 막히게 되는 등 운이
따라주지 않는다.

● 누군가가 자신에게 옷을 선물했는데 아주 싸구려의
유치한 옷이었던 꿈
관재구설을 조심해야 한다. 재판정에까지 오가는 소
송 문제에 휘말릴 징조다. 건강이 나빠지거나 재물의
손실도 우려된다.

● 누군가에게 자기가 입고 있던 옷을 벗어주는 꿈
노력한 결과를 남이 차지하게 되며
자신은 곤궁에 빠질 징조다. 집안 살
림살이가 어려워지고 걱정거리가 생
긴다.

● 누군지 모르는 남자가 자기 옷을 벗기는 꿈

남 앞에서 수모를 당할 징조다. 자신의 위치나 능력을 믿고 자만하거나 타인에게 상처를 준 일은 없는지 잘 생각해보고 현명하게 처신해야 한다. 그렇지 않으면 머지않은 시기에 그에 대한 보복을 당하고, 피해를 입게 된다.

● 많은 사람들이 흰 옷을 입고 웅성대는 것을 보는 꿈

누군가로부터 고소를 당할 일이 있거나 시비를 걸어 올 일이 있으니 처신하는 데 있어 조심해야겠다.

● 몸에 꽉 끼는 옷을 입고 있었던 꿈

심한 압박감에 시달리고 있으며 자신의 입 지가 좁아짐을 암시한다.

● 물벼락을 맞았는데도 옷이 조금도 젖지 않아 이상하게 생각했던 꿈

주위의 감언이설에 넘어가서는 안 된다. 그럴듯한 말만 믿고 무엇인가를 시도한다면 결국 손해를 입게 된다.

● 바람에 옷자락이 펄럭였던 꿈

개인적인 비밀이 탄로 나서 곤란해질
암시다.

● 사람은 보이지 않고 누군가 벗어놓은 옷만 있는 꿈
그 옷의 주인에게 심각한 화가 미치거나 죽음이 닥치
게 된다. 생시에 잘 아는 사람이라면 주의하도록 당부
하는 것이 좋다.

● 새 옷을 입는 꿈
만약 병을 앓고 있는 사람이 꿈속에서 새 옷을 입고
있으면 죽음이 임박해 있음을 의미한다.

● 색색의 고운 한복을 입은 여자들이 여러 명 모여 즐
겁게 얘기하는 꿈
여러 우환이 겹치게 될 암시다. 가족, 친구 등 가까운
사람들과의 관계에서 불화나 파탄, 심하면 결별까지
도 일어날 수 있다.

● 어떤 사람이 새빨간 옷을 입고 자기에게 걸어오는 꿈
가까운 시일 안에 누군가와 싸울 일이 있거나 불쾌해
질 일이 있을 것이다. 간혹 이런 꿈을 꾸고 재난을 당

물건

하는 일도 있으며, 상대방을 증오할 일도 생긴다.

● 어떤 사람이 회색 옷을 입고 있는 것을 보는 꿈
회색 옷을 입고 있는 그 사람의 성격이 이중인격의 소
유자이거나 다루기 힘든 사람, 환자 등일 경우가 많다.

물
건

● 옷을 새로 사서 서랍 속 깊숙이 차곡차곡 개켜 넣는 꿈
새 옷을 입지 않고 깊숙이 묵혀두는 꿈은 근심이 생길
것을 암시한다.

● 옷을 잃어버리고 쩔쩔매는 꿈
지금까지 당신이 의지하고 있던 사람이나 당신이 자
랑스러워하던 신분, 직장, 사업 등을 잃고 빈곤해질
것이다. 또한 그로 인해 외로워지게 된다.

● 옷의 앞자락이 자꾸만 벌어지는데 도저히 여며지지
않는 꿈
비밀이 폭로되어 망신을 당하고 위신이 땅에 떨어지
게 된다.

● 옷이 저절로 벗겨져 바닥에 떨어지는 꿈

꿈 그대로 자신이 원하지 않는데도 옷을 벗게 된다. 즉 직장을 잃게 되고, 그로 인해 경제적으로 어려움을 겪게 된다.

● 자기 몸보다 훨씬 크고 헐렁한 외투를 걸치고 있었던 꿈

지나친 허세에 대한 경고다. 자신을 실제 이상으로 크게 보이려고 안간힘을 쓰고 있으나, 실속은 없다는 것을 알려주려는 꿈이다.

● 자기 옷에다가 오색실로 고운 수를 놓는 꿈

마음에 드는 이성을 만나게 될 암시다. 그러나 거기에만 너무 마음을 빼앗겨서 본분을 잊는다면 낭패를 보게 된다.

● 자기 옷을 친구나 동생이 빼앗아간 꿈

가까운 사람과 싸우고 좀처럼 화해하기 힘들어진다. 심하면 이별하게 되거나 이혼하게 될 수도 있다.

● 자기가 입고 있는 옷이 뿌옇게 바랜 꿈

아내에게서 냉대나 홀대를 받게 되거나, 믿어온 사업

파트너나 후원자가 등을 돌릴 일이 있게 된다.

물건

● 자기의 옷을 찢어버리거나 다른 사람이 찢어버려 옷
소매가 떨어져 나가는 꿈
누군가와 이별을 하거나 직장을 옮기게 될 것이다. 특
히 처자식이나 친구들, 형제나 그에 준하는 인연을 가
진 사람들과 이별을 하게 된다. 사업에 있어서도 손을
떼거나 자신의 작품을 파기하는 일이 있게 된다. 만약
옷고름이 떨어져 나가면 지금까지 의지해오던 사람
과 이별을 하게 되고, 옷자락이 떨어져 나가면 직장에
서도 지방으로 전출을 하게 된다. 집에서는 살림을 날
일이 있을 것이다.

● 자신이 직장에서 윗사람에게 결재를 올려야 하는데
잠옷 차림이어서 난감했던 꿈
윗사람에게 인정받지 못하고 승진에서 제외될 것을
예시하는 꿈으로 볼 수도 있고, 회사 일에 자기의 의
견이 반영되지 않아 불만이거나 안타까워하고 있는
심리 상태를 나타낸 꿈으로 볼 수도 있다.

● 잠옷을 입고 있거나 잠옷을 본 꿈

남성용 파자마는 신체적인 상실, 불행을 초래한다고
해석한다. 여성용 잠옷은 가족들의 이해를 받지 못하
고 심리적으로 소외되거나 우울해져 있음을 의미한다
고 본다.

● 진한 빨간색 옷을 입고 집에 들어간 꿈
화재가 날 것을 예시하는 꿈이다. 가스나 난로, 전기
누전 등 사소한 부주의로 화재가 날 수 있으니 화재
예방에 각별히 유의해야 한다.

● 촌스럽고 유치한 옷을 입고 우스꽝스런 모습이 되어
있는 꿈
어리석은 행동이나 태도로 인해 곤경에 처하게 되기
쉽다. 자기 본분을 다하면서 도리에 어긋나지 않도록
하는 것이 좋다. 현재 쓸모없는 일에 헛되이 정성을
쏟고 있는 데 대한 경고일 수도 있다.

● 흰 저고리의 까만 동정을 단 꿈
머지않아 직장 상사나 윗사람, 자신이 존경하는 사람
의 부음을 듣게 될 것이다.

● 흰 옷을 입은 사람이 줄줄이 서 있는 꿈

경찰서나 관청을 드나들며 우환을 겪을 암시다. 신변
의 재난과 경제적 손실이 잇따르게 된다.

옷감

물건

● 흰 옷감을 끊어 바느질을 하거나 만져보는 꿈

초상을 당할 것에 대한 암시다. 잘 아는 사람의 장례식
에 가게 되거나 가족이나 친척 중에 죽음을 맞이하는
사람이 생겨서 상복을 입게 될 것을 예시하는 꿈이다.

옷장

● 옷장에서 자기 옷을 꺼내 다른 사람들에게 나누어주
는 꿈

불륜이 세상에 드러나 망신을 당할 암시다. 불륜 관계
에 있던 여성(남성)이 자신을 곤경에 빠뜨린다. 부부
간에도 불화할 조짐이 있다.

● 옷장을 열고 옷을 하나씩 꺼내서 입어보는 꿈

모처럼 좋은 기회가 와도 주변의 도움이 모자라 아깝게

놓치게 된다. 혼자서 모든 일을 처리하기에는 벅차다.

● 옷장을 열었는데 옷이 하나도 없어서 깜짝 놀란 꿈
남편(아내)과 별거, 혹은 이혼을 하게 될 것을 예시하
는 꿈이다.

요강

● 요강이 깨지는 꿈
부부간에 문제가 생겨 이별을 하게 되는 꿈이다.

우산

● 비가 오지 않는 맑은 날에 우산을 쓰고 걸어가는 꿈
자신의 윗사람이 죽게 될 수도 있음을 암시한다.

● 우산이 작아서 비를 맞는 꿈
사업적인 측면에서 누군가의 도움이 필요하나 조력자
의 능력이 부족하거나 문제가 생겨 손
해를 보게 되는 꿈이다.

● 자신이 쓰고 가는 우산 속으로 누군가 뛰어드는 꿈
자신의 권리나 이권, 명예, 재물 등을 일부 다른 사람에게 **빼앗기거나**, 다른 사람과 나누어 갖게 될 일이 생길 것이다.

물건

웨딩드레스

● 백색의 웨딩드레스에 시커먼 먹물이 묻어 얼룩이 지는 꿈
호사다마의 상징으로 즐거운 일 뒤에 좋지 않은 일이 생기게 되는 꿈이다.

위패

● 붉은 글씨로 쓴 위패가 모셔진 불단 앞에 서 있는 꿈
죽음을 암시하는 흉몽이다. 가족이나 가까운 친지 중에 죽음을 맞이할 사람이 있다는 예시의 꿈이다.

유니폼

● 유니폼을 벗고 평상복을 입는 꿈

직장의 경우 퇴직을 하거나 이직을 경험하게 된다. 사회적 지위에서 물러나는 꿈이다.

● 자신이 제복이나 유니폼을 입고 있는데 어색하고 불편했던 꿈
현재의 자기 직업이 자기 적성에 맞지 않거나, 사회생활을 하면서 해야 할 겉치레 등이 거북스럽게 느끼고 있다는 의미의 꿈이다.

은장도

● 은장도를 잃어버린 꿈
남편이나 애인과의 사별, 이혼, 파혼 등을 상징한다.

의자

● 곧 부서질 것 같은 낡은 의자에 앉은 꿈
회사에서 어떤 일에 휘말려 좌천되는 등 사회적인 지위를 잃게 된다. 불만스러운 결혼생활에 대한 거부감이 나타난 것이기도 하다.

● 버스나 지하철, 혹은 사람이 많은 대합실 같은 곳에서 앉으려고 빈자리를 찾는데 빈자리가 하나도 없어서 앉지 못했던 꿈

현재의 지위와 부를 상실하게 될 암시다. 혹은 현재 하고 있는 일에서 결과를 얻기 어렵다는 암시이기도 하다.

물건

● 어린이가 앉는 조그마한 의자에 앉는 꿈

생활의 곤궁함을 예시하는 꿈이다. 한편으론 정신적인 궁핍함을 나타내는 꿈이기도 하다. 어른답게 현실을 해쳐나가지 못하고 도피하려는 미숙함이 꿈으로 나타난 것이다.

● 자기 의자에 앉으려고 했지만 다른 사람이 앉아 있어 앉지 못한 꿈

취직, 입학 등에 실패하거나 연구 논문 같은 것이 통과되지 못할 것이다. 혹은 연인을 다른 사람에게 빼앗길 수도 있다.

● 좁은 의자에 간신히 앉은 꿈

불우한 환경을 원망하고 있는 자신의 심리가 반영된

꿈이다. 현재 혼담이 있는 미혼 여성이 이런 꿈을 꾸었다면 그 결혼 생활을 상징적으로 예시한 꿈이므로 그 결혼을 다시 한 번 재고해보는 것이 좋겠다.

이불

● 이불 위로 벌레가 새카맣게 기어오르는 꿈

건강에 이상이 생기고, 사업이나 직장에서도 좋지 않은 일이 발생할 징조다. 경제적으로 곤궁해지거나 시달림을 받는다. 가족 중 누군가에게 우환이 닥쳐 근심에 휩싸일 징조다.

● 이불에 피가 묻어 있거나 지저분한 얼룩이 묻어 있었던 꿈

남편(아내)이 자기 모르게 불륜의 관계를 맺고 있음을 암시하는 꿈이다. 혹은 건강이 나빠지거나 명예가 훼손되고 사업이 어려움에 빠질 것을 예시하는 꿈이기도 한다.

● 이불을 손이나 칼로 찢는 꿈

가정의 파탄이나 사업 실패의 징조다.

● 자신이 이불을 덮고 눕는 꿈

질병에 걸리게 되거나 좋지 않은 일로
상심하게 될 수 있으니 조심해
야 한다.

● 장롱을 열었더니 이불이 모두 바닥으로 쏟아져 내
린 꿈

자기 자신이나 가족에게 사고가 일어나 몸을 다치게
될 징조다. 가족 모두 신변에 주의를 요한다.

인형

● 인형을 집어던지거나 잔인하게 망가뜨린 꿈

자신을 속박하고 있는 것들로부터 벗어나고 싶다는
열망을 나타낸다. 사회적인 관습이나 지나친 억제, 주
변 사람들의 간섭들로부터 해방되어 자유롭게 살고
싶다는 소망이 이런 식으로 나타난 것이다.

● 인형이 말을 하는 꿈

자신에게 숨겨져 있던 사악한 본성이나 생각을 고쳐
바르게 변화될 꿈이다.

자루

● 잡동사니가 가득 찬 자루를 얻는 꿈
무슨 일이든 빛 좋은 개살구의 격이다.

● 자루를 메고 가다가 열어 보니 빈 자루였던 꿈
아무리 열심히 노력해도 아무 이득이 없다는 암시다.

장갑

● 권투 장갑이 걸려 있는 것을 본 꿈
새 애인을 사귀게 될 예시의 꿈이거나, 그랬으면 좋겠
다는 소망이 나타난 꿈이다.

● 수술용 고무장갑을 끼고 수술실에 들어가는 꿈
결혼을 하거나 직장을 옮기거나, 업종을
바꾸게 되는 등 환경에 큰 변화가 생기게
된다.

● 장갑을 잃어버리는 꿈
믿었던 사람으로부터 배신을 당하거나, 거절을 당해

난감하게 될 것을 암시한다.

장롱

물건

● 장롱이 부서져 있는 꿈
몸에 중대한 이상이 있다는 신호다. 그러나 부서진 장롱을 수리해서 말끔하게 원상 복구했다면 병에 걸렸더라도 완치될 수 있다.

장신구

● 목걸이가 끊어지는 꿈
친분이 두터웠던 사이에 금이 가게 될 징조다. 그동안의 신뢰가 깨지고 불화가 생긴다.

재

● 귀중한 물건이나 집이 불에 타서 재만 남는 꿈
진행하던 일이 갑자기 문제가 생겨 재물을 잃게 될 꿈이다.

● 온몸에 재를 뒤집어쓴 꿈

건강에 이상이 오거나 재난에 직면하게 된다.

● 재가 바람에 흩어지는 꿈

재물이 흩어지는 꿈이다. 가족에게 뜻하지 않은 변고가 일어나고 돈의 지출도 있게 된다. 사업적으로는 공들여왔던 일이 무산되고 만다.

쟁반

● 자신이 접시를 깨뜨리는 꿈

사업, 추진 중인 일이 중간에서 좌절될 것을 예시하는 흉몽이다.

● 접시를 얻은 꿈

둘째 자리와 관계된 직책이나 신분의 소유자가 될 것이다. 여성이 이런 꿈을 꾸면 두 번 시집가게 됨을 예시한 것이다.

전철

● 기차나 전철에서 내리는 꿈

잘못 내렸거나 내려야 할 곳을 지나쳤다면 성과는 만
족스럽지 않게 된다.

● 전철이나 기차를 놓쳐서 타지 못한 꿈

자꾸만 적기를 놓치는 등 계획이 순조롭게 진행되지
않아서 초조해하고 있음을 나타내는 꿈이다.

종이

● 가위로 종이를 자르는 꿈

누군가와 인연을 끊는 것, 또는 어떤 환경에 결별을
고하는 것 등을 암시한다.

● 종이를 찢어 버리는 꿈

어떠한 관계를 청산하거나 계약을
파기하게 된다.

● 보고 있는 지도가 잘못된 것 같아서 다른 지도로 찾고 있었던 꿈

인생의 방향 전환, 또는 사업 계획의 전면 수정이 필요하다는 것을 암시하는 꿈이다.

● 외국 지도를 골똘히 들여다보고 있는 꿈
현재 자신이 처한 환경에 대한 불만을 나타내며 변화를 원하고 있음을 상징한다.

● 지도가 너무 복잡하고 알아볼 수 없어서 짜증이 난 꿈

현재 추진하고 있거나 계획하고 있는 일이 현실적이지 못하기 때문에 준비 과정에서조차 어려움을 겪고 있다. 욕심을 버리고 좀 더 현실적으로 계획을 전면 수정해야 한다.

● 지도를 보고 있는데 지도가 찢어지거나 물에 떨어뜨린 꿈

무리하게 일을 추진하다가 결국 실패하게 된다는 암시의 꿈이다.

물건

● 지도를 여러 장 펴 놓고 서로 비교해보는 꿈

현재의 계획을 잘 검토하지 않으면 문제가 생길 가능성이 있다. 서로 다른 지도를 놓고 어느 것이 맞는지 몰라 난감했다면 계획을 다시 검토하라는 암시다.

물건

지폐

● 가방 속에 헌 지폐가 꽉 차 있는 꿈

당신의 근심 걱정거리가 오래갈 것을 의미한다. 또한 어떤 일을 성취시키기 위한 노력을 꽤 오랫동안 해야 할 것이다.

● 누군가에게 지폐를 받는 꿈

받은 액수만큼의 근심거리가 생기기도 한다.

● 어떤 사람이 준 지폐가 문서나 편지로 변하는 꿈

어떤 소식에 의해 근심 걱정이 생길 것이다.

● 지폐 다발이 공중에서 뿌려져 사방으로 흩어지며 날리는 꿈

관재 구설에 휘말려 수습하느라 시간과 정력을 소비하게 된다. 또는 직장을 잃게 돼 이력서를 여기저기 제출할 일이 생긴다.

● 경찰차가 자신의 집으로 오는 꿈
관청에서 시비를 가리거나 관재구설수가 발생한다.

● 운전사나 승객도 없이 차가 저절로 굴러가는 꿈
죽음을 예시하는 꿈이다.

● 자기가 탄 차가 수렁에 빠져 오도가도 못 해 애를 태우는 꿈
사업이 경영난에 빠지게 되는 꿈이다. 결국에는 자신만 사업에서 손을 떼게 된다.

● 자동차 바퀴가 빠져나가는 꿈
이루고자 하는 소원이나 계획 등이 좌절되어 절망하게 될 것이다. 또한 활동기반이나 조력자 등을 잃게 될 것이다.

물건

● 자동차가 뒤집히고 구르는 꿈
추진하던 일이나 사업, 소원, 결혼 생활 등이 좌절될
것을 예시하는 꿈이다.

● 자신이 타고 가던 차가 사고나 고장으로 멈추는 꿈
계획한 일이나 계약 등이 깨지거나 결혼이나 학업 등
이 좌절된다.

● 차가 강물에 떠내려가 사라지는 꿈
반대세력이나 보다 큰 세력이 의해서 사업 기반을 잃
게 된다.

● 차가 고장 나서 길 한가운데서 꼼짝 못 하게 된 꿈
사업상 장애를 겪게 될 것을 암시한다.
잘 나가다가 뜻하지 않은 곳에서
문제가 터져 전체를 망치게 된다.

● 차가 떠나버려 타지 못하는 꿈
청탁이나 취직, 입학, 단체 가입 등에서 탈락된다.

● 차가 물속이나 수렁에 빠지는 꿈

어떤 일이나 사업이 더 큰 기관이나 기업체에 의해 흡수될 것을 의미한다. 기술력을 가진 어떤 중소기업이 막대한 자금력을 가진 대기업에 의해 흡수되거나 합병되는 것이다. 혹은 그런 대기업이나 큰 기업으로 인해 사업 기반을 잃을 수도 있다.

● 차에 탔다가 출발하기 전에 내린 꿈
계획을 전면 수정해야 할 시점에 놓여 있다는 암시다. 때로는 교통사고 등을 예시한 꿈이므로 당분간은 운전을 삼가고 대중교통수단을 이용하거나 움직이지 않는 것이 좋겠다.

● 탁 트인 길에서 직접 차를 몰며 드라이브하는 꿈
빠른 속도감에 긴장하고 있었다면 심리적인 불안감을 상징한다.

책

● 다른 사람에게서 책을 빌려오는 꿈
다른 사람의 지시에 따라 노력해야 할 일이 생길 것을 암시한다.

● 열중하여 책을 읽는 꿈

자기 인생에 대한 성찰이 필요한 시점임
을 알려주는 꿈이다. 잠시 한숨 돌리고
앞으로의 인생에 대해 새로운 설계를 해
보는 것이 좋겠다.

● 책에 낙서를 하여 더럽히는 꿈

스승을 욕되게 하거나 비웃는 일이 생길 것이다.

● 책을 찢거나 던지는 꿈

책장을 찢어버렸다면 선생님의 가르침에 대해 반발을
하거나 반박할 일이 생길 것이다. 책을 던져버리는 꿈
은 누군가를 정신적으로 괴롭히거나 윗사람에게 반항
할 일이 생길 것을 암시한다.

책상

● 낡은 책상에 앉는 꿈

직책이나 권리, 신분 등이 몰락하거나 문책을 받을 일
이 생긴다.

● 책상 앞에 앉아 있다가 일어서서 자리를 뜨는 꿈

직위를 상실하고 사업이 다른 사람에게 넘어가게 될
것을 예시하는 흉몽이다.

초상화

● 아는 사람의 사진이나 초상화에 검은색 테두리가 둘
러져 있는 꿈

죽음을 암시한다. 그 사람의 신변에 위험이 닥쳐올 예
시이므로 가까운 사람이라면 주의하도록 보살펴주는
것이 좋겠다. 또 다른 의미로는 평소에 그 사람을 극
도로 싫어했다면 그 사람을 다시는 보고 싶지 않다는
소망이 반영된 것으로도 볼 수 있다.

총

● 누군가 자기에게 총구를 겨누고 있어 두려워하는 꿈

누군가의 제재나 통제를 받게 되어 불편
해질 것이다. 또한 사업이 잘 안 되어
불안한 상태가 되거나 병을 앓게 될 것
이다.

● 몸에 총을 맞은 후 그 총알을 뽑아버린 꿈

청혼이나 계약, 결연 등의 제의를 받지만, 당신은 마음에 들지 않아 거절을 하게 될 것이다.

● 몸에 총알이 박히는 꿈

병을 앓게 되거나, 어떤 공권력으로부터 일을 의뢰받을 것이다. 또한 그 일에 최선을 다해야 할 것이다. 미혼 여성이라면 누군가에게 청혼을 받으면 거절을 하지 못할 것이다.

● 적이 자기에게 기관총을 겨누고 있는 꿈

계획하는 일이나 사업이 불안하거나, 사활을 건 어떤 일의 결과를 기다리게 될 것이다.

치마

● 긴 치맛자락을 펄럭이며 걷는 꿈

어떤 필요에 의해 자신이 누군가를 속이거나 무엇인가를 은폐해야 할 일이 생길 징조다.

● 자기 침대가 방 밖으로 내놓아져 있는 꿈

애인과 헤어지거나 남편(아내)과 이혼하게 될 징조다. 또는 직장에서 떨려나거나 사업이 하락세로 들어설 조짐이 있다.

● 자다가 침대에서 떨어진 꿈

권력과 명예, 재산을 하루아침에 잃고 가정의 평온함도 잃게 될 위험이 있다.

● 자신이 아는 사람의 침대 시트를 갈아주는 꿈

그 사람에게 좋지 않은 일이 생길 징조다. 병이 생기거나 사고를 당하는 등 몸을 다칠 위험이 크다.

● 침대 위에 두꺼운 매트리스를 까는 꿈

남편(아내)에게 심각한 불만을 가지고 있거나 극도로 사이가 나빠져 이혼까지도 생각하고 있음을 나타낸다.

● 침대가 부서져서 기울어 있는 꿈

회사가 부도를 맞거나 주요 거래처를 잃게 되어 기울어질 징조다. 집안 살림도 곤궁해질 뿐 아니라 자녀들이 문제를 일으켜 근심이 쌓일 것이다.

물건

● 침대나 잠자리가 딱딱하여 불편함을 느끼는 꿈
어떤 일에 장애가 생겨 마음이 불편해지거나 자신에게 몹시 불편한 일이 생긴다. 또는 현실에서의 불안한 상태를 나타내는 것일 수도 있다.

● 침대의 다리가 부러지는 꿈
사업 기반이 튼튼하지 못하여 동료나 부하직원, 고용직원 등이 기업을 떠나게 될 것이다.

카드 · 편지

● 검은 봉투에 들어 있는 카드나 청첩장을 받는 꿈
그 카드를 보낸 인물이나 그 청첩장의 주인공에게 좋지 않은 일이 발생할 징조다.

● 검은색 테두리가 둘러쳐진 카드를 받는 꿈
불행한 소식을 듣게 될 흉몽이다. 그 카드를 보낸 사

람과 관계된 사망 소식이나 파산 선고 등의 불행한 소
식을 듣게 된다.

● 우편집배원이 편지를 전해주면서 눈물을 흘리거나
침통한 표정이었던 꿈
부모님이 돌아가셨다는 소식을 듣게 되거나, 그와 비
슷한 나쁜 소식을 듣게 된다.

카펫

● 검은색, 푸른색의 카펫이 깔린 것을 보는 꿈
사업적으로 문제가 생기며 건강 상태가 나빠지고, 액
운이 찾아오는 꿈이다.

● 황색 카펫이 깔린 꿈
애정 문제에 다른 사람이 끼어들어 관계가 나빠지게
될 것이다.

칼

● 긴 칼을 얻는 꿈

아내나 애인의 건강에 심각한 이상이 예상되므로 각
별히 신경을 써야 한다.

● 누군가 칼춤 추는 것을 보는 꿈

어떤 시비에 휘말릴 일이 생길 것이다. 혹은 누군가
당신에게 비평을 가할 것이다.

● 누군가와 칼싸움을 하는 꿈

누군가와 언쟁을 하거나 논쟁을 하게 된다.
혹은 사업이나 일이 어려움을 겪게 된다.

● 자기가 가진 칼이 녹슬거나 부러지는 꿈

칼이 녹이 슬면 병을 앓게 되거나 정신적으로 매우 불
안정하게 될 것이다. 혹은 사업 파트너나 후원자가 별
로 믿음직스럽지 않은 존재다. 칼이 부러지는 꿈이었
다면 어떤 일에 패배나 실패를 하여 좌절을 하게 되고,
남성의 경우 성 불능이 올 수도 있다.

● 칼로 누군가의 목을 벴는데 피가 나지 않는 꿈

어떤 일이나 사업을 성공시키기 위해 백방으로 노력
을 하겠지만 성과가 뚜렷이 나타나지 않을 것이다.

● 칼을 다른 사람에게 주거나 잃어버린 꿈
자기의 권리나 명예 등을 잃어버리거나 신분이 비천해지게 될 것을 암시한다.

● 칼이 물속에 떨어진 꿈
아내나 애인의 신변에 좋지 않은 일이 일어날 징조다.

커튼

● 두터운 커튼이 쳐져 있어 방 안이 어두침침했던 꿈
감추고 있는 비밀이 탄로 날까 봐 불안해하고 있음을 암시한다. 또 한편으론 마음에 근심이나 부담감이 가득하여 우울해져 있음을 나타내는 꿈이다.

● 창문에 드리워져 있던 커튼을 잡아당겨 잘 닫는 꿈
큰 비밀을 갖게 될 것을 암시한다.

● 커튼을 맞추거나 손수 커튼을 만들고 있는 꿈
뭔가를 숨기려고 하는 심리 상태를 반영한 꿈이다.

● 커튼이 찢어져 있어서 꿰매는 꿈
비밀이 폭로되는 것에 대한 두려움을 나타낸다.

커피

● 커피를 마시는 꿈
일이 실패로 돌아가거나 손해를 볼 징조다.
만약 커피를 마시면서 쓰다고 느꼈다면
건강에 이상이 생길 징조이므로 주의를
요한다.

컵

● 여러 개의 유리컵들을 조심스럽게 진열하고 있는 꿈
불안정한 결혼 생활에 대한 경고다. 또는 사업이 살얼
음판을 걷듯 위기일발의 순간에 와 있음을 암시하는
꿈이다.

● 금이 간 컵을 얻는 꿈
사업적인 면이나 계획했던 일 등에서 문제가 생긴다.
또는 배우자에게 만족하지 못하고 있는 자신의 심리

상태를 반영한 꿈이다.

코트

물건

● 누군가에게 값비싼 모피코트를 선물하는 꿈
쓸데없이 시간 낭비를 하고 있음을 알려주는 꿈이다.
공을 많이 들이더라도 결과는 그다지 좋지 않으므로
되도록 근 시일 내에 계획을 수정하는 것이 좋겠다.

● 누군가에게 코트를 입혀주는 꿈
돈을 투자하여 동업하자고 누군가가 자신에게 제의하
거나 돈을 빌려달라고 부탁을 하게 된다.

● 새 코트를 장만하는 꿈
사업적인 실패를 경험하게 되는 흉몽이다.

허리띠

● 허리띠가 끊어져 버린 꿈
그야말로 옷을 벗게 될 꿈이다. 공직에 있었다면 명예
롭지 못하게 옷을 벗게 되고, 재산도 잃게 된다. 사업을 하는 사람이라면 줄곧 추진해오던 일이 중도에서 막히고 좌절하게 된다.

화살

● 화살이 꺾어진 꿈

계획을 보류하고 때를 기다려야 한다는 암시다. 지금 열심히 무엇을 해봤자 아무런 성과도 볼 수 없다.

● 활시위를 힘껏 당기고 있는데 뚝 끊어진 꿈

잔뜩 기대했던 일이 어이없게 수포로 돌아가게 될 것을 암시하는 꿈이다. 또는 천신만고 끝에 성공을 했는데 그 절정의 순간에 건강을 잃어 모든 것이 허사가 된다는 것을 암시한다.

제4장

동물

동물

● 개가 두 발로 서서 걸었던 꿈

가까운 사람이 자기를 정면으로 공격하게
되거나, 자신이 다른 사람을 향해 인신공
격을 하게 된다.

● 개가 떼를 지어 자신에게 덤벼드는 꿈

뜻하지 않은 시비에 휘말리게 되거나, 자신의 신변에
위험이 생길 징조이니 조심해야 한다.

● 개가 사납게 짖어 집 안으로 들어가지 못했던 꿈

실제로도 방해에 부딪혀 난처한 입장에 처하게 된다.

● 개가 사람처럼 말을 하는 꿈

아랫사람과 언쟁이나 불화가 생길 조짐이 있다. 자신
의 위신에 손상을 입게 된다.

● 개가 싸우는 것을 보는 꿈

질병에 걸리거나 시비에 휘말릴 일이
있을 것이다.

● 개가 주인을 문 꿈

가까운 사람에게 배신을 당해 큰 손해를 입게 된다.

● 개가 집을 나간 꿈

재물이 손실되고 소망하던 일에서 좌절을 맛보게 된다. 개를 잃어버려 슬퍼하는 꿈이었다면 좌절이나 손실로 인해 마음을 상하게 될 것이다.

● 개고기를 맛있게 먹는 꿈

형제간 우애에 금이 갈 일이 생긴다. 문서 보증을 잘못 서거나 부동산 거래 실패, 복잡한 사건에 연루되어 재물을 잃고 집안 살림이 궁핍해질 것이다.

● 개를 안아서 쓰다듬어 주는 꿈

자식이나 부하직원으로 인해 근심거리가 생기고, 하는 일에서 난관을 겪게 된다.

● 개에게 물리고 상처에서 피가 나는 꿈

자신의 심복이나 고용인 등에게 배신을 당하게 된다.

● 개에게 물리는 꿈

자신을 적대시하는 사람에게 위협을 받거나 공격을 받게 될 징조다. 혹은 부하직원이나 후배, 동료들의 중상모략으로 곤경에 처할 위험도 있다. 여성의 경우에는 특히 흉몽이다. 싫어하는 남자로부터 끊임없이 구애를 받아 시달리거나, 심지어는 폭력적으로 육체관계를 맺을 위험이 있다.

● 검은 개가 자기 집 마당으로 들어오는 꿈

죽음과 사고의 위험이 따른다는 암시다. 또는 위험한 유혹이나 음모에 속아 넘어가는 것 등을 예지하는 흉몽이다.

● 남의 집 개가 자기 집으로 들어오려고 했던 꿈

좋지 않은 소식을 듣게 되거나, 자신에게 좋지 않은 영향을 끼칠 사람이 나타나게 된다.

● 두 마리의 개가 서로 물어뜯거나 피를 흘리며 싸우는 꿈

한 마리는 자기 자신, 다른 한 마리는 자기와 대립하는 적대적인 사람을 뜻한다. 불편한 관계에 있는 사람

동물

과의 정면충돌, 말다툼, 격렬한 싸움이 예상된다. 신
상에 주의를 요한다.

● 사나운 개에게 쫓겨 다니는 꿈
아랫사람이나 친구로부터 배반을 당
할 징조다. 자신의 운세나 건강이
대단히 약해질 징조이기도 하다. 여
성의 경우 성폭력의 위험도 있으므로 주의를 요한다.

● 스님이 검은 개를 데리고 자기 집으로 들어오는 꿈
자기 주변의 아랫사람 중 누군가가 자신을 배반하거
나 아랫사람에게 보증을 서주었다가 그 일로 인해 큰
손해를 보게 된다.

● 여러 마리의 개가 떼를 지어 싸우고 있는 꿈
소송이나 어떤 사건에 연루되어 시달리게 될 암시다.
자신을 괴롭히는 문제가 점점 복잡해지고, 자신에게
적대적인 사람들도 계속 늘어날 조짐이 있다.

● 자기 집 개의 성기가 팽창해 있는 것을 보는 꿈
식모나 가정부, 일하는 사람, 집안 식구 중 절조 없다

동물

고 생각되던 누군가가 자신에게 반항할 일이 생긴다.

● 자신에게 달려드는 개를 죽이는 꿈

어떤 일에 있어 장애가 되는 요소를 제거하지만, 거기에 따른 부작용이 생긴다.

● 자신이 개가 된 꿈

명예와 위신이 땅에 떨어지거나 지위를 잃고 처지가 몰락하게 될 것을 예시한다. 또는 자신이 쓸데없이 의심에 사로잡혀 있는 것에 대한 경고다.

● 집 안에 묶여 있는 검정 강아지 한 마리를 자신이 풀어서 대문 밖으로 보내주는 꿈

한 번 좋은 일이 있으면 한 번은 근심스러운 일이 생기게 될 것이다. 대학 입시를 치른 자식이 있다면 합격의 기쁨을 누리겠으나, 형제 중 누군가가 사업을 한다면 사업에 어려운 일이 생기게 될 것이다.

● 키우던 개가 죽는 꿈

재산상으로 손해를 보고, 믿고 의지하던 사람을 잃게 되는 등 곤경에 빠질 암시다. 그러나 자기가 몹시 무

동물

서워하고 싫어하던 개가 죽은 경우라면 반대로 불행이 사라지고 편안해진다는 의미를 갖는다.

● 흉하게 생긴 개가 자신을 따라오는 꿈
부랑아 등을 만나 낭패를 만나거나, 전염병 등에 걸릴 수 있다.

개구리 · 두꺼비

● 강가에서 개구리가 울고 있는 꿈
추진하던 일이나 사업이 진통을 겪게 되거나, 재수 없는 일을 당하게 되는 등 낭패를 보게 될 꿈이다.

● 개구리가 뛰는 것을 보는 꿈
어떤 일이나 사업을 해나가는 데 있어 구설수에 휘말리거나, 사람들의 시비가 있을 것이다.

● 개구리를 죽이는 꿈
금전적인 손해를 보게 되거나, 일이 실패로 돌아갈 것을 암시한다.

● 논둑에서 개구리들이 시끄럽게 울고 있는 꿈
여러 사람의 시비에 걸려 일이 지연된다.

● 개미가 몸 위로 기어오르는 꿈
병에 걸릴 암시다.

● 개미가 줄을 지어 집 안으로 들어오는 꿈
작고 사소한 일이 끊임없이 영향을 미쳐 불행을 가져
오고 있음을 경고하는 꿈이다. 계속 반복해서 누적되
는 스트레스나 불만, 나쁜 생활 습관 때문에 심신이
쇠약해진다는 의미다.

● 개미가 집 밖으로 기어 나가는 꿈
자식이나 남편(아내)이 가출하게 된다는 예시의 꿈이
다. 혹은 가족이 아닌 사람이 함께 살고 있다면 그 사
람이 빨리 나가주었으면 하는 생각에서 이런 꿈을 꾸
기도 한다.

● 개미떼가 원을 그리는 것을 보는 꿈

일이 언제 끝날지 모른다는 암시다. 오랜 시일 동안 부진하겠다.

● 개미집을 헐어버린 꿈
가정에 화근이 생긴다.

● 불개미 집을 허는 꿈
일이나 사업 등에 관계된 상대방에게 타격을 줄 일이 생기는 등 타인에게 고통을 주게 된다.

● 이불 위로 개미나 바퀴벌레 등이 기어오르는 꿈
건강이 악화되거나 사업에 불길한 일이 발생할 예시이다. 경제적으로 곤궁해지며 주변 사람들로 인해 근심에 휩싸일 징조다.

거머리

● 거머리 한두 마리가 다리에 붙어 있는 꿈
소유한 재물을 축내는 사람을 의미하며 그로 인해 손해를 보게 되는 꿈이다.

● 온몸에 거머리가 달라붙는 꿈

심성이 악하거나 성격이 고약한 사람을 만나게 되어
말썽이 생기거나, 골치 아픈 문제가 생겨 큰 피해를
보게 되는 흉몽이다.

거미

● 거미가 거미줄에 매달려 있는 것을 본 꿈
주변의 아는 사람이 자기에게 적의를 가지
고 교활한 계략을 세우고 있음을 암시하는
꿈이다.

● 거미줄이 몸에 묻는 꿈

병을 앓게 되거나, 혹은 귀찮은 일이나 거추장스러운
일이 생길 것이다.

● 건물 구석이나 천장에서 거미가 사방으로 거미줄을
치는 것을 보는 꿈

신변에 골치 아픈 일이 생기겠다. 또는 불행한 상황을
벗어날 수 있는 길을 찾지 못해 곤란을 겪게 될 것이다.

● 무수한 거미 떼가 자신에게 덤벼들어 고통을 당하는 꿈
악당이나 건달들에게 시달리거나 저주와 시비가 있겠다.

● 거북을 잡으려다 잡지 못하고 놓치게 되는 꿈
계획하고 있던 큰일을 시작하게 되지만, 그 뜻을 이루지 못한다.

● 거북이가 물이 없는 우물에 들어가는 꿈
갈 곳 없는 신세가 된다.

● 거북이를 타고 바다 속으로 들어가는 꿈
다른 사람의 유혹이나 부추김에 쉽게 넘어갈 일이 있으며, 어떤 일에 헛수고만 하고 아무 소득도 없는 일이 생길 것이다.

고래

● 바다에서 고래 떼가 몰려와서 배를 뒤엎는 꿈

사업이 위태롭거나 파산하게 된다.

고양이

● 검은 고양이가 울면서 쫓아오는 꿈

어떤 답답하고 불안한 일을 겪게 될 것이다. 또한 고양이의 울음소리가 사방에 울렸다면 불길한 소문이 돌게 될 것이다.

● 고양이가 땅을 파고 뭔가를 묻는 꿈

어떤 사실을 감추고 있는 데 대한 불안한 마음이 반영된 꿈이다.

● 고양이가 와서 발목에 휘감기는 꿈

좋지 않은 일이 닥칠 예시다. 음모에 휘말릴 수 있으므로 언행에 특별히 조심하고, 감언이설에 넘어가지 않도록 마음의 중심을 잡는 것이 중요하다.

● 고양이가 자기 방으로 숨어 들어오는 꿈

재앙이 닥치게 된다는 예시다. 사기를 당하거나 도둑
이 들 수 있다. 이밖에도 실체가 분명치 않은 어떤 기
운 때문에 재물이 빠져나가게 된다.
가족 중에 병에 걸리거나 사고를 당하
는 사람이 있을 수도 있다.

● 고양이가 자기를 할퀴는 꿈

아내, 혹은 남편으로 인해 체면이 깎이거나 명예에 먹
칠을 할 일이 있을 것이다. 혹은 병을 앓을 수도 있다.

● 고양이를 죽여서 벽 속에 넣고 시멘트를 발라 봉해
버리는 꿈

어떤 범죄에 가담하거나 연루될 것을 암시한다. 입장
을 분명히 하고 단호한 행동을 취하도록 해야 한다.
이 경우가 아니라면 심한 정신적 갈등과 불안이 표출
된 것이다.

● 고양이에게 물어 뜯겨 피가 나고 고통을 느끼는 꿈

다른 사람에 의해 명예훼손을 당하게 되거나, 병에 시
달리게 된다.

● 고양이와 개가 서로 할퀴며 싸웠던 꿈

경쟁자와 다툼이 일어나게 된다. 감정적으로 대처할
경우 대외적으로 위신이 떨어지고 자기의 입지가 불
리해질 수 있으니 이성적으로 판단하여 처리해야 한다.

● 닭장을 들여다보는 고양이를 본 꿈

자신에게 손해를 끼칠 인물이 나타나게 된다.

● 애완용 고양이를 기르며 사는 꿈

비밀을 갖게 된다. 기혼 남자의 경우 정부가 생기게
된다.

● 자기 집 고양이가 집 밖으로 나가버리는 꿈

식모나 가정부, 고용인 등을 해고하게 될 일이 있을
것이다. 혹은 중요한 물건을 잃어버릴 수도 있다.

● 자신이 고양이를 안고 노는 꿈

남성이 이런 꿈을 꾸게 되면 여성으로 인해 난처한 입
장에 놓이게 된다. 일반적으로는 매우 벅차고 골치 아
픈 일이 생기게 된다.

● 자신이 고양이를 안아주거나 어루만지는 꿈

여성이나 어린아이를 품에 안을 일이 생
기겠다. 또는 앞으로 자신에게 벅차고 고
달픈 일이 생기게 될 것을 예시하기도 한다.

● 호랑이라고 생각했는데 자세히 살펴보니 고양이였
던 꿈

잔뜩 기대를 걸었던 사람이나 일이 잘 알고 보니 별
볼일 없는 사람이거나 실속 없는 일이라는 것을 알게
된다.

곤충

● 곤충들이 우는 소리를 듣는 꿈

오랫동안 소식이 끊겼던 친지의 소식을 듣게 된다. 혹
은 누군가의 부음을 듣게 될 것이다.

● 곤충을 밟아 죽이는 꿈

진행하고 있던 일이나 사업에 문제가 발생하고 임신
중인 여성의 경우 유산이 되는 꿈이므로 각별히 유의
하는 것이 좋다.

● 나비가 날아다니는 것을 본 꿈

나비는 죽은 사람의 영혼을 상징한다.
부음을 듣게 되거나 자신이 죽을 수도
있다. 주의해야 한다.

● 달팽이가 높은 곳으로 힘들게 기어오르는 것을 보
는 꿈

사업체가 부실해지거나 직장에서 일이
지지부진해진다.

● 말벌 떼가 자신의 집을 공격하는 꿈

가정에 큰 재앙이 닥칠 조짐이 있다. 사회적으로도 강
력한 경쟁자가 나타날 것이다.

● 반딧불이가 여기저기에서 깜박이는 것을 지켜보는 꿈

추진하던 일이나 사업이 삐걱거리게 되고, 불이익을
당할 일이 있음을 예시한다.

● 송충이가 소나무를 다 갉아먹는 것을 보는 꿈

흉년이 닥쳐 기근을 겪게 될 것이다. 또는 천재지변,
재해 등이 닥칠 것을 예시하는 꿈이다.

● 송충이가 자기 몸에 붙는 꿈

머지않아 신변에 화가 닥칠 것을 암시하는 꿈이다.

● 송충이를 잡는 꿈

자기의 일이나 사업, 계획 등에 방해가 되는 요소나 사람을 제거할 일이 있게 된다.

구렁이

● 구렁이가 자기 집 문턱에 허물을 벗어 놓고 어디론가 사라지는 꿈

결혼한 여성이 이런 꿈을 꾸면 남편과 이별할 것을 예시한 것이다. 그러나 남편은 재산이나 자식 등 무언가를 남길 것이다.

● 남편의 알몸에 구렁이가 감기는 것을 보는 꿈

남편, 혹은 그와 동일시되는 어떤 사람이 곤란한 상황에 놓여 고통을 당하게 될 것이다.

● 윤기가 자르르 흐르는 밤색 구렁이가 눈앞에서 어디론가 사라지는 꿈

다루기 힘들거나 별로 마음에 들지 않는, 구렁이와 동일시되는 어떤 사람을 만나게 될 것이다. 그로 인해 불쾌감을 느끼게 된다.

● 큰 구렁이가 작은 구멍 속으로 숨어버린 꿈
집안에 좋지 않은 일이 생기게 된다.

동물

기린

● 기린 떼가 도망치는 것을 보는 꿈
사업을 하려는 사람은 실망을 하게 될 것이다. 사업 계획이 물거품이 되어버리기 때문이다.

낙타

● 낙타를 타고 끝없는 사막을 가는 꿈
사업이나 추진하는 일이 난관에 부딪혀 어려운 상황에 놓이게 될 것이다. 어떤 일에 있어 희망이 보이지 않게 될 징조다.

● 낙타 발이 부러지는 꿈
진행하던 일이 문제를 만나 중도에 실패하거나 포기하게 되는 꿈이다.

● 낙타의 뒷발에 보기 좋게 채인 꿈
주변 사람이나 친구, 애인, 대인 관계에 있어서 배신을 당하거나 사고 등이 생길 것을 암시하는 흉몽이다.

너구리

● 밤중에 여우나 너구리의 울음소리를 듣는 꿈
불길한 소식을 듣게 되거나, 천재지변이 닥쳐올 것을 예시하는 꿈이다.

늑대

● 늑대가 사람으로 변한 꿈
평소에 자신이 믿고 의지하던 사람으로부터
심한 배신을 당하게 될 것을 암시한다.

● 산속 깊은 곳에서 늑대가 자신을 노려본 꿈

타인이나 주변 사람들로부터 자신이 비판을 받거나, 좋지 않은 구설수에 휘말리게 된다.

동물

다람쥐

● 다람쥐가 계속해서 쳇바퀴를 돌리는 것을 보는 꿈

현실에서 자신의 생활이 따분하다는 심리가 반영된 꿈이다. 혹은 어떤 고달픈 일에 종사하게 된다는 예시이기도 한다.

● 다람쥐가 새장에 갇혀 있는 꿈

계획한 일이나 사업이 매 순간마다 막히고 일이 풀리지 않아 답답함을 느끼게 될 것이다.

닭

● 닭의 다리가 묶여 있는 꿈

직장을 옮기거나 이사하는 것이 신상에 좋지 않다는 경고의 꿈이다. 집을 증축하거나 수리하는 것 또한 집 안에 좋지 않은 영향을 미칠 수 있으니 삼가는 것이 좋다.

● 닭의 목을 비트는 꿈
스스로 곤란과 곤경을 자초할 예시이므로 경거망동을
삼가고 행동에 신중을 기해야 한다.

● 닭이 나무 밑에 있는 것을 보는 꿈
실직을 당하거나 사업이 실패하게 된다.

● 닭이 시체를 파먹는 꿈
가족에게 좋지 않은 일이 생길 징조다. 특히 부부 관
계에 중대한 문제가 생기거나, 부모님에게 변고가 생
길 것이다. 고령자나 환자의 경우 이런 꿈을 꾸었다면
잔치 음식을 먹지 말아야 뒤탈이 없다.

● 닭이 지붕 위에 올라가서 울었던 꿈
집 안에 화근이 생기거나, 신상에 좋지 않은 일이 일
어날 흉몽이다.

● 닭이 홍수에 떠내려가는 것을 본 꿈
재물을 잃고 지위와 명예가 실추되거나, 혼담이 깨지
는 등의 흉몽이다.

동물

● 닭이 홰를 치며 길게 우는 꿈

머지않아 가정이나 자기 신변에 불
길한 일이 일어날 것을 경고하는 흉몽
이다.

● 두 마리 닭이 싸우는 꿈

시비나 언쟁이 생겨 주변 사람들과 불화를 겪을 조짐
이 있다. 언행에 조심하고 대인 관계에 있어서 신중하
게 처신해야 한다.

● 수탉을 솥에 삶았더니 사람이 되었다가 학이 되어
날아가 버린 꿈

여성이 이런 꿈을 꾸게 되면 남편이 폭력적이고 사나
워 학대를 받게 된다. 그러나 끝내는 남편이 선량한
사람으로 다시 태어나게 될 것이다. 성급하게 결판을
내지 말아야 한다.

● 수탉이 자신을 쪼려고 덤벼드는 꿈

건달이나 악한 등에게 시달림을 받게 되거나, 위장병
등의 질환을 앓게 되니 조심해야 한다.

● 누렇고 큰 돼지가 판자 구멍으로 쑥 들어가 버린 꿈

재물운이 자신 앞까지 왔다가 사라지는 일, 즉 복권이
아슬아슬하게 낙첨되는 등의 일이 있거나, 재물, 이권,
권리 등의 손실이 있을 것을 예시하고 있다.

● 돼지 두 마리를 잡아 여러 사람과 나누어 먹는 꿈

재산을 분배하게 되거나 자신의 작품이 공개적으로
분석 · 비평을 당할 일이 생기게 된다.

● 돼지가 문 밖에서 서성대는 꿈

누군가의 도움을 필요로 하지만 때가 늦어 문제 해결
이 어렵게 된다.

● 돼지가 자신에게 덤벼들어 상처를 입은 꿈

겉과 속이 다른 사람이 자신의 재물이나 업적을 노리
고 있다는 경고다. 특히 사업상의 이권이나 계약관계
를 이용하여 상대방이 이득을 챙기고, 자신은 손해를
입거나 곤경에 빠질 위험이 있다. 계약이나 거래에 있
어 신중을 기해야 한다.

동물

● 돼지가 집 밖으로 뛰쳐나가는데 붙잡지 못하고 놓친 꿈

일의 성과를 제대로 간수하지 못해 모든 게 헛수고가 돼버릴 것이다. 그동안의 행운으로 모아온 재물이 다 빠져나가게 된다.

● 돼지고기를 먹는 꿈

자기에게 부과된 일거리가 많이 생길 것이고, 답답하고 따분한 일에 종사하게 될 것이다.

● 돼지를 팔고 있는 꿈

잘못된 판단으로 남 좋은 일을 시키거나 손해를 볼 꿈이다. 보증을 잘못 서서 손해를 보거나, 남의 말을 듣고 경솔하게 투자를 했다가 재산을 몽땅 날릴 수도 있다.

● 새끼 돼지를 쓰다듬는 꿈

돼지와 동일시되는 어떤 사람으로 인해 속 썩을 일이 있을 것이다.

● 창을 던져 멧돼지를 죽이는 꿈

자신을 지나치게 억제함으로써 오히려 자신의 앞길을

동물

막고 있음을 알려주는 꿈이다. 현재 지나치게 위축되어 안전제일주의로 하고 있는데, 조금 더 과감하게 나간다면 큰 이득을 볼 것이다.

● 홍수에 떠밀려온 죽은 돼지를 건져서 집으로 가지고 온 꿈
죽은 돼지를 집으로 갖고 온 꿈은 가정에 화근이 생길 꿈으로 본다.

말

● 거친 야생마의 습격을 받아 말발굽에 짓밟히는 꿈
마음속의 갈등이 심하거나 가까스로 억제하고 있는 어떤 강한 충동 등이 표현된 꿈이다. 여성의 경우엔 애인이나 남편 등에게 강요당한 성관계로 인한 심리적 거부감을 나타낸다.

● 검은 말이 집 안으로 뛰어 들어와 마구 날뛰는 꿈
어떤 충격으로 인해 몸과 마음이 황폐해질 것을 암시한 꿈이다. 좋지 않은 꿈이다.

● 달리던 말이 쓰러진 꿈

이것은 흉몽이다. 일이 잘 돼나가다가 뜻하지 않은 역
경을 만나 끝내 좌절하고 만다.

● 뜰에서 말이 춤을 추고 있는 꿈

집에 화재가 날 징조다. 각별히 조심해야 한다.

● 말뚝에 묶여 있는 말이 소리 내어 울고 있는 꿈

말의 울음은 좋지 않은 일이 닥쳐올 것을 예시하는 것
이다. 즉, 현재 하고 있는 일, 맡은 일에 위험이 다가
오고 있음을 알려주는 꿈이다. 특히 주변의 동료나 동
업자, 부하직원, 경쟁자의 실수나 방해로 인해 일이
실패로 끝날 수 있으므로 주의를 요한다.

● 말을 타고 달리다가 말에서 떨어지는 꿈

좌절과 실패를 암시하는 꿈이다. 야망에 부풀어 전심
전력을 다하다가 중도에 어이없게 장애에 부딪혀 좌
절하게 된다.

● 말의 성기가 팽창해 있었던 꿈

믿고 아껴주었던 아랫사람이 자기에게 반항을 하거나

배신하게 된다.

● 말이 발을 구르며 울음소리를 낸 꿈
자신의 노력으로 한 일이 남의 손으로 전해지게 된다.

● 말이 소리 없이 우는 꿈
자신의 신변에 위험이 닥쳐 있음을 알려주는 예지몽
일 수 있다.

● 말이 수레를 끌고 길을 가다가 수렁이나 탁한 물에
빠지는 꿈
갑작스러운 고난과 깊은 좌절을 하게 되는 것을 암시
한다. 사업가라면 사업이 일시적으로 침체되거나 몰
락하고, 운동선수들은 슬럼프에 빠지게 된다.

● 백마가 하늘을 날다가 땅으로 내려오는 꿈
사업이나 추진 중인 일, 작품 등이 크게 성공하는 듯
하다가 내리막길을 걷게 될 것을 예시하는 꿈이다.

● 비루먹은 말이 짐을 잔뜩 싣고 가는 꿈
운세가 쇠약해질 징조다. 자신의 운세로는 감당할 수

없는 일을 무리하게 벌인다면 큰 낭패를 보게 될 것이다. 무리한 욕심을 버리고 안정을 추구하는 것이 좋다. 또한 심신이 피로해져 건강에도 적신호가 오고 있으므로 건강에 유의해야 한다는 경고의 꿈이기도 하다.

● 안장을 얹지 않은 야생마를 타고 아슬아슬하게 달리는 꿈
야망은 있으나 현실적으로는 이루어지기 힘든 야망이어서 매우 위태롭게 진행되고 있음을 보여준다. 어렵게 현재 지위까지 올라왔지만 늘 불안함을 떨치지 못한다.

동물

멧돼지

● 멧돼지가 집에 쳐들어와 난장판을 만들어놓는 꿈
과중한 업무나 또는 감당할 수 없는 빚에 눌려서 숨통을 조이고 있을 경우 이런 꿈을 꾸게 된다. 이런 것들로부터 벗어나고 싶다는 간절하고 절박한 소망이 이런 과격한 형태로 나타난 것이다.

● 강에서 상처투성이의 힘이 없는 물고기를 잡는 꿈

사업이나 추진하는 일에 많은 노력
과 시간을 기울이지만 그 성과는 미
미하거나 오히려 역효과를 초래할
뿐이다.

● 말라붙은 저수지 바닥에서 물고기들을 주워 올린 꿈

떳떳하지 못한 방법으로 재물을 모으게 된다.

● 물고기가 물 위를 날아다닌 꿈

마음이 어수선해지고 어느 것 하나
순탄하게 되는 일이 없이 꼬이
기만 할 것이다.

● 물이 말라버려 그 속에 있던 물고기가 밖으로 드러
나는 꿈

생활환경이 변하거나 신상에 나쁜 변화가 와서 어려
움을 겪게 된다.

동물

● 바다에서 상어 떼가 자신의 배로 몰려오는 것을 보는 꿈

누군가의 방해로 사업이 어려워지거나
시비에 휘말릴 일이 있다.

● 죽은 물고기가 둥둥 떠 있는 연못을 본 꿈

크게 기대를 했던 일에서 완전히 낭패를 볼 징조다.
사기를 당할 수도 있다. 이로 인해 금전적인 손해를
보게 된다.

뱀

● 누런 뱀을 보는 꿈

관재수가 있거나 송사에 휘말리게 된다. 혹은 구설수
에 휘말리게 되는 것을 암시한다.

● 문틈으로 여러 마리의 뱀이 들어오는 꿈

남자가 이런 꿈을 꾸었다면 신변에 어떤 위험이 닥칠
것을 예시하는 것이다. 혹은 해야 할 일이 많음을 나
타내는 것이다.

● 뱀을 자기의 치마로 싸서 죽이는 꿈

자식 중 누군가 불의의 사고를 당할 수 있다. 조심해야 할 때다.

● 뱀을 잡을 뻔했다가 놓친 꿈

들어오려던 재물이나 이득이 목전에서 사라져버릴 흉몽이다.

● 뱀의 몸체는 보이지 않고 꼬리만 보이는 꿈

경쟁자와 크게 대립되는 관계에 놓이거나, 자신의 뜻과는 다른 적대행위를 하는 단체의 지도자와 정면으로 싸우게 되는 상황에 놓이게 된다.

● 뱀이 똬리를 튼 채 혀를 널름거리며 자신을 바라보는 꿈

사업이나 추진 중인 일 등에 있어 상황이 악화되거나, 음흉한 사람에게 피해를 입게 된다.

● 뱀이 몸을 감은 채 턱밑에서 자기를 노려보고 있어 무서워 떠는 꿈

가정적으로 불화가 이어져 가정이 깨질 수도 있다. 특히 남성의 경우 아내로 인해 자유를 구속받게 될 것이다.

● 뱀이 자기의 몸을 감은 채 턱밑에서 노려보고 있어 뱀을 떼어낸 꿈

가정이 불화를 겪어 강제로 이혼을 하게 될 것이다. 그러나 뱀을 완전히 떼어내지 못한다면 별거를 하게 될 것이다.

동물

● 뱀이 자신을 물고 사라져 버리는 꿈

생각지도 못한 일로 아는 사람으로부터 마음에 상처를 받게 될 것이다. 또는 자신과 관련이 있는 어느 기관에 의하여 정신적으로 도움을 받아 어려운 상황을 극복하게 된다.

● 뱀이 자신을 통째로 삼키는 꿈

정신적인 균형이 무너져 판단력을 잃고 상대방의 기에 압도되거나, 남의 속임수에 넘어가는 것을 의미한다.

● 숲 속에서 뱀이 나무줄기 모양으로 늘어져 위장을 하고 있는 것을 보는 꿈

음흉한 사람의 계략에 넘어갈 일이
생기거나, 예상치 못한 일이 생겨 당
황하게 된다.

● 여러 마리의 뱀이 문틈으로 들어오는 꿈
남성이 위험한 일이 생기게 된다.

● 자기 몸에 감겨 있던 뱀이 풀어지며 사라지는 꿈
하는 일이 난관에 부딪치고 궁핍해질 징조다.

● 자기 입에서 뱀이 나오는 꿈
이 꿈은 자신을 돌아볼 필요가 있음을 암시하는 꿈이
다. 특히 입조심을 하라는 경고성 메시지가 담긴 꿈이
라 할 수 있다. 남을 험담, 비방하다가 오히려 자기가
곤경에 처하거나 망신을 당하게 될 우려가 있으며 상
대방에게 직접 심한 말을 함으로써 상처를 입히고, 돌
이킬 수 없는 관계가 될 수도 있으니 언행에 신중을
기하는 것이 좋겠다.

● 자기 집에 있던 뱀이 집 밖으로 나간 꿈
패가망신할 흉몽이다. 하는 일이 제대로 안 되어 가산

을 탕진하고 가난해지게 된다.

● 큰 뱀이 쫓아오다 사람으로 변하는 꿈

부담스럽거나 거추장스러운 일이라서 피하고 싶지만 어쩔 수 없이 그 일을 맡거나 수락해야만 할 일이 있을 것이다. 미혼 여성이라면 상대가 싫지만 어쩔 수 없이 데이트에 응해야 하거나, 심지어는 결혼을 해야 할 수도 있다.

벌

● 벌에 쏘인 꿈

병을 얻게 되거나 경쟁자나 적대적인 관계에 있는 사람과 노골적으로 다투게 될 것을 암시한다.

● 벌떼가 집 안으로 날아 들어온 꿈

집안에 질병이나 우환이 생기고 주변이 소란해지는 징조다. 불청객에게 시달리거나 다툼이 생기게 되는 것을 암시한다.

● 자신이 기르던 꿀벌이 모두 달아나버리는 꿈
자신의 세력이나 기업이 무너져 손해를 보게 된다.

벌레

● 벌레에 물리는 꿈
사소한 일을 잊고 있는 데 대한 주의 촉구의 꿈이거나
병에 걸릴 암시다. 또한 주변에 신경 쓰이게 하는 인
물이 있다는 의미다.

● 벌레의 울음소리를 듣는 꿈
구슬픈 감정에 젖어드는 등 심신이 몹시 지쳐 있게 된
다. 여유를 가지고 휴식을 취하는 것이 좋다. 또한 오
랜만에 먼 곳의 사람에게서 소식을 듣게 되거나, 부음
을 듣게 될 것이다.

● 털어내도 벌레가 계속 몸에 달라붙는 꿈
병에 걸릴 위험이 크다.

● 입 안에 독벌레가 들어 있는 꿈
구설수, 사고, 질병 등의 불운을 상징하는 꿈으로, 유

행성 질병에 걸리게 되거나 건강이 악화될 징조다.

● 이부자리에 개미 같은 벌레가 모여드는 꿈

집안에 우환이 생기고 모든 일에 있어서 항상 근심이
따르게 될 것을 암시한다.

동물

사자

● 사자가 죽어서 뼈만 앙상하게 남은 꿈

자신의 화려했던 과거를 되돌아보게 되는 꿈으로, 인
생무상을 느끼게 되는 꿈이다.

새

● 기르고 있던 새가 날아가 버리는 꿈

아내나 애인이 떠나버려 혼자가 되거나 실직, 전직,
전근 등의 일이 생길 수 있다.

● 까마귀가 안방으로 들어온 꿈

집안에 도둑이 들거나 우환이 생길 것을 암
시한다. 질병, 악귀 등을 상징하는 꿈이다.

● 까마귀 떼가 하늘을 빙빙 돌며 나는 것을 보는 꿈

친척끼리 불화할 일이 생기거나 사업 파트너, 후원자, 동업자 등 자기의 일에 도움을 주던 사람들이 하나하나 떨어져 나갈 것이다.

● 까마귀의 울음소리를 들은 꿈

까마귀는 병, 죽음, 재난 등을 상징한다. 또한 음모에 휘말려들 우려도 있다.

● 까치가 지붕에서 우는 꿈

집안에 우환이 생길 것을 암시한다.

● 꿩 한 마리를 쫓는데, 그 꿩이 숲 속으로 숨어버려 찾지 못한 꿈

중개 업무나 매매 알선, 중매 등의 일을 하다가 낭패를 보기 쉽다. 형평성을 잃은 처사에 기운이 빠지게 된다.

● 독수리가 발톱을 곤두세우고 자신을 공격한 꿈

경쟁자에게 패배를 하거나 그 지배를 받게 된다. 또한 일에서 실패를 맛보게 된다.

동물

● 독수리를 타고 하늘을 날아다니는 꿈

독수리를 타고 날아다닌 곳이 하늘나라의 꽃밭, 낙원 등을 연상케 하는 곳이었다면 죽음에 대한 예지일 수 있다.

● 매가 자기 집 닭을 물어 가는 꿈

자기의 세력이나 재물의 일부를 다른 힘 있는 자에게 빼앗기게 될 것이다. 혹은 후배나 부하직원, 아랫사람 중 누군가 한 명이 사망할 것을 예지한 것이다.

● 박쥐가 자신에게 덤벼드는 꿈

골목길 같은 외진 곳에서 괴한에서 습격을 당하게 되거나, 원인 모를 질병에 걸릴 수 있으니 조심해야 한다.

● 부엉이가 자기 집 담이나 나뭇가지에 앉는 꿈

집안에 좋지 않은 일이 생기게 된다.

● 새장의 새가 도망쳐 날아가 버리는 꿈

아내나 남편, 애인이 자기 옆을 떠나가 버릴 것이다. 혹은 소중한 것을 잃어버릴 것을 암시한다.

● 손에 잡았던 새가 날아간 꿈

재산의 손실을 입거나 실연하게 된다.

● 앵무새가 말을 하는 것을 본 꿈

시비나 말다툼이 생길 징조다.

● 올빼미가 눈을 번쩍이며 자신을 쳐다보고 있었던 꿈

자신은 알지 못하지만 누군가가 자신을
해치려고 음모를 꾸미고 있다는 것을 일
깨워주는 경고의 꿈이다.

동물

● 참새가 논에 날아들어 벼를 망치는 꿈

일에 간섭과 방해가 따라 큰 성과를 거두지 못하게 됨
을 의미한다. 혹은 금전적인 손실을 의미하기도 한다.

소

● 소가 길 한가운데를 가로막고 있어서 지나갈 수 없
었던 꿈

애초에 잘못 설정한 목표이기 때문에 아무리 노력해
도 계속해서 난관에 부딪칠 수밖에 없다. 계획이나 목

표 자체를 현실적으로 다시 설정해야 할 것이다.

● 밖으로 뛰쳐나간 소를 잡지 못했던 꿈
믿고 의지하던 사람이 배신하고 떠나가게 된다. 금전
적으로도 예기치 못한 손해를 입게 된다.

● 산속으로 소를 몰고 들어가는 것을 보는 꿈
꿈속의 인물이 상징하는 누군가에게 좋지 않은 일이
생기게 된다. 병에 걸린 사람이 이런 꿈을 꾸게 되면
죽음이 임박했음을 암시한다. 보통 사람이라면 재산
을 잃게 된다.

● 색이 우중충하고 바싹 마른 소가 자기 집으로 들어
오는 꿈
재물을 잃거나 가난해질 징조다.

● 소가 수렁에 빠진 것을 구하는 꿈
가족 중 누군가 큰 병에 걸리거나 사업이 위기 상태에
놓이게 될 것이다. 혹은 누군가의 모함으로 곤란한 상
황에 놓이게 될 것이다. 그러나 누군가의 도움으로 위
기에서 벗어날 수 있을 것이다.

동
물

● 소가 자기를 보고 웃는 꿈

직장 상사나 선배, 윗사람 등 그들 중 누군가가 자기를 못마땅하게 생각할 일이 있을 것이다.

● 소가 집을 나갔는데 찾지 못하는 꿈

재산과 사회적인 지위를 상실하게 되며, 그로 인해 심한 정신적 충격과 괴로움에서 벗어나지 못하게 될 암시다.

동물

● 소를 끌고 가다가 고삐를 놓쳐 소가 달아나는 꿈

성공의 기회를 놓치거나 들어오려던 재산을 목전에서 놓칠 징조. 일이 다 됐다고 생각했을 때 방심하지 말고 오히려 더 긴장해야 한다.

● 소에게 밟혀서 다치거나 몹시 아픔을 느끼는 꿈

어려운 일이 닥쳐 빚을 지게 되는 등 심한 고통을 받게 된다.

● 소의 뿔에 받힌 꿈

믿고 의지하던 사람이 자신을 배반하고 등을 돌림으

로써 재산상의 손실을 입게 되고, 정신적으로 고통 받게 된다. 사업상 동업자가 배반하는 경우를 특별히 주의해야 한다.

● 시커먼 소가 말을 하는 꿈

고령의 노인이나 중병을 앓고 있는 환자가 이런 꿈을 꾸었다면 이제 저승으로 갈 날이 얼마 남지 않았다는 의미로 해석된다. 그러나 젊고 건강한 사람이 이런 꿈을 꾸었다면 조상님의 묘에 문제가 있지 않나 잘 살펴볼 필요가 있다. 이 꿈을 무시하고 조상의 묘나 제사를 정성들여 돌보는 것을 게을리 한다면 집안에 우환이 닥치게 된다.

● 암소의 털이 검정색인 꿈

집안에 새로 들어온 사람, 며느리나 가정부, 혹은 집사 등이 믿음직하지 못하고 인물됨이 못나 분란이 자주 일 것이다. 혹은 어떤 일거리를 얻게 되지만 골치만 아프고 실속이 없을 것이다.

● 자기 집 소를 팔러가는 꿈

집과 재물 사업 등을 잃게 되거나, 빌려준 돈을 떼이

게 된다.

● 자기 집 외양간에 도둑이 들어와 소를 훔쳐가려고
하는 꿈

부동산 거래에서 결과적으로 손해를 보게 될 것이다.
만약 토지나 주택을 사고 팔게 된
다면 면밀히 따져보고 신중하게
해야 한다는 주의 촉구의 꿈이다.

● 죽은 소를 땅에 묻는 꿈

집안에 고령의 노인이나 중병을 앓고 있는 환자가 있
다면 머지않아 장례 준비를 하게 될 것이다.

양

● 양이 방에 들어와 누워 있는 꿈

가족들에게 우환이 겹칠 흉조다. 재산이 흩어지거나
가족에게 질병이 생기는 등 집안에 근심이 쌓일 징조다.

동물

● 꿩을 잡으려다 말고 여우를 뒤쫓아 간 꿈

자신의 친구를 찾으려고 하다가 생각지 못한 다른 사람을 만나 실속 없이 시간을 보내게 될 징조다.

● 동굴이나 숲 등의 어두컴컴한 곳에서 여우를 만나 놀라는 꿈

자신이 잘 모르던 사람으로 인해 불안한 일이 생길 것을 예시하는 꿈이다.

● 밤중에 여우나 너구리의 울음소리를 듣는 꿈

불길한 소식을 듣게 되거나 천재지변이 닥쳐올 것을 예시하는 꿈이다.

● 여우가 닭을 물어간 꿈

교활하고 잔꾀에 능수능란한 사람에게 당하게 된다.

● 여우가 입에 먹이를 물고 굴속으로 들어간 꿈

자신에게 들어온 복을 다른 사람에게 빼앗기는 꿈이다.

● 여우를 사육하는 꿈

남성의 경우에는 여자를 주의하여야 할 징조다. 또한 주변의 교활한 사람을 만나게 될 것을 예시한다. 그러므로 대인 관계에 신중을 기하는 것이 좋다.

염소

● 까만 염소가 산으로 올라가는 꿈

고시나 중요한 시험에서 낙방을 하게 된다. 또는 집안 사람 중 노령의 환자에게 변이 생기게 되므로 간호에 정성을 쏟는 것이 좋겠다.

● 염소가 뿔로 자신을 치받는 꿈

심신이 불안정해져 있음을 나타내는 꿈이다. 과로 등으로 몹시 지쳐 있고 예민해져 있으므로 휴식을 갖는게 좋겠다.

오리

● 닭인 줄 알았는데 알고 보니 오리였던 꿈

눈앞까지 다가왔던 행운이 순식간에 사라져 버릴 징

조다. 자신에게 적대적인 사람들의 방해와 모함으로
인해 어려움에 부딪치게 되는 등 여러모로 근심과 걱
정에 휩싸인다.

● 오리가 자기 집으로 날아드는 꿈
집안에 흉사가 생길 것을 예시하는
꿈이므로 주의해야 한다.

동
물

● 오리가 지붕 위에서 떨어지는 꿈
집안에 우환이 생기고 점점 가세가 기울게 되며, 사업
에 장애가 생기거나 실패를 보게 되는 흉몽이다.

용

● 나무 뒤에 서서 용이 우물에 들어간 것을 보는 꿈
상반된 해석이 가능한 꿈으로, 직장에서 승진을 하게
되거나 감옥에 들어가게 된다. 또한 자신이 관계하고
있는 어느 기관에 의해 추진 중이던 일이나 작품 등이
채택되기도 한다.

● 두 마리의 용이 마주 보고 있다가 점점 가까워지면

서 엉클어지는 꿈

두 개의 세력 단체나 조직 사이에 의견 대립이 생겨 라이벌 관계에 놓이게 될 것이다.

● 상처 입은 용이 하늘을 날고 있는 꿈

사업이나 추진하던 일, 소원 등을 이루게 되지만 자신의 뜻을 크게 펴지는 못할 것이다.

● 연못 속에서 잠자는 용을 본 꿈

실력과 능력이 있지만 아직 때를 만나지 못하고 있음을 상징한다.

● 용이 공중을 날아다니며 울거나 말을 하는 꿈

추진하던 사업이나 학문적 업적 등으로 세상에 명성을 떨쳐 소문낼 일이 생기게 된다. 하지만 만약 용이 사람과 동일시될 때에는 그 사람이나 그에 상응하는 어떤 집단에게 억압당할 일이 생기거나 불이익을 당하게 된다.

● 용이 나뭇가지에 걸려 있는 꿈

감당하기에 벅찬 일을 맡아 힘겹게 된다. 자기 능력보다 과한 일에 손을 댔다면 욕심을 조금 줄이는 것이 좋겠다. 주변 사람들의 부추김이나 감언이설에 넘어가지 않도록 주의해야 한다.

● 용이 승천하다가 바다에 떨어지는 꿈

지위와 재산을 잃게 될 것을 암시한다. 또한 소송 문제에 연루되어 곤란을 겪을 징조다.

● 용이 자기를 습격해 맞붙어 싸우는 꿈

용이 패배하고 자기 시야에서 사라졌다거나 자기가 그 용이 무서워 도망쳤다면, 자신의 바람대로 이루어지지 않는다. 좋은 운세가 모두 수포로 돌아가고 말 것이다.

● 용이 자신에게서 멀어져 가는 꿈

자신에게 더없이 좋은 기회를 놓치게 되고, 사업이나 추진하던 일 등이 점차 기울게 된다.

● 용이 자신을 죽이는 꿈

매우 불길한 암시다. 심각한 재난을 당하고 범죄의 피

해자가 되기 쉽다.

● 하늘에서 용이 떨어져 죽는 꿈
일이 잘못되어 가산을 모두 탕진하게 된다. 그동안 애써 일으킨 기업도 파산하게 된다.

원숭이

● 동물원의 철망을 뚫고 원숭이가 달아나려 하는 꿈
비밀이 폭로되거나 중요한 정보가 외부로 빠져나갈 암시다. 또한 부하직원이 직장을 그만두거나 자식이 가출을 해서 근심이 쌓이게 된다.

● 시커먼 원숭이가 자기 집 담 너머로 집 안을 들여다보고 있는 꿈
주변에 자신을 염탐하려는 누군가가 있음을 암시하는 꿈이다. 너무 방심하지 말고 행동에 조심하는 게 좋겠다.

● 원숭이가 나무에서 떨어지는 꿈
이 꿈은 불길한 꿈이다. 노력한 만큼의 결과를 기대할

수 없게 된다. 실속 없고 허울만 좋은 어떤 일에 정력
을 소비할 확률이 높다.

● 원숭이가 사람처럼 말을 하는 꿈
부부간에 서로를 믿지 못하고 있거나, 친구간에 우정
이 식어간다는 증거다. 자존심 싸움은 서로에게 상처
만 줄 뿐이다. 먼저 상대에게 마음을 열고 다가가는
것이 좋겠다.

동물

● 원숭이가 엎치락뒤치락 싸우는 꿈
부부간이나 친구 간, 동료 간에 하찮은 일로 싸움이
일어나게 된다.

● 원숭이가 큰 나뭇잎을 타고 언덕을 미끄러져 내려가
며 즐거워하는 꿈
겉모양은 거창하지만 실제로는 별 실속이 없는 일을
하고 있다는 암시다. 그렇지 않으면 자식 문제로 근심
이 생길 징조다.

● 원숭이와 정면으로 마주 보고 있는 꿈
누구에겐가 사기를 당할 수 있다. 혹은 교활하고 약삭

빠른 사람으로 인해 피해를 입게 되고, 다툴 일이 있으며, 심지어는 모욕을 당하게 된다. 특히 사람을 조심해야 한다.

● 정글에서 원숭이 떼에게 놀림을 받는 꿈
계획해오던 사업에 착수하거나 단체에 가입하게 된다. 그러나 많은 경쟁자들로 인해 고통을 당하게 된다.

● 죽어 있는 원숭이를 둘러싸고 사람들이 모여 서서 웅성거리는 꿈
명예가 추락할 흉몽이다. 신분이 하락되고 관직에서 불명예스럽게 퇴임할 우려가 크므로 신변 관리에 각별한 신중을 기해야 한다.

● 직장 동료나 친구가 원숭이가 되어 있었던 꿈
그 인물에 대한 적대감을 갖고 있거나 무시하는 마음을 상징한다.

● 들쥐가 집 안에 들어와 쑥대밭을 만들어놓은 꿈

가족 간에 불화가 일어나거나 친한 친구, 동료들과 다
툼이 일어나 그로 인해 일에 지장을 가져오고 손해를
입게 될 징조다.

● 말의 등에 생쥐가 달라붙어 있는 꿈

가족이나 자신에게 엄청난 시련이 닥치고 궁지에 몰
릴 일이 생길 것을 암시하는 흉몽이다.

● 잡았던 쥐를 놓치는 꿈

업무상으로나 사업적인 면에서 거의 다 된 일이 막판
에 허사로 끝나버릴 전조다.
흉몽이다. 끝까지 긴장을 풀
지 말고 집중해야 한다.

● 쥐가 갑자기 다른 짐승으로 변하는 꿈

경쟁 회사나 경쟁자와 치열한 싸움이 벌어질 것을 예
시하는 꿈이다. 감정에 휩쓸려 무조건 이기려고 하다
가는 결국 지게 된다. 한발 물러서서 이성적으로 대처

하면 이길 수 있다.

● 쥐가 덫에 걸려 발버둥치고 있는 꿈
지나치게 독선적이거나 의욕만 앞세운 일 처리로 인해 분쟁이 일어나게 된다. 좋지 못한 결과를 가져올 수 있다는 경고의 꿈이다.

● 쥐가 새끼 낳는 것을 보거나 쥐의 새끼들이 한곳에 모여 있는 것을 보는 꿈
흉몽이다. 집안 식구 또는 자신의 일을 도와주는 사람이 모함에 빠지거나 잘못을 저지르게 된다.

● 쥐가 새끼를 낳아 쥐새끼들이 우글거리는 꿈
모함이나 속임수, 사기에 걸려들어 큰 피해를 당할 암시다. 부하직원에 의해 문제가 생겨 손해를 볼 수도 있다.

● 쥐와 고양이가 서로 싸우는 꿈
경쟁자와 세력 다툼을 벌이게 되는 것을 암시하는 꿈이다. 상인에게는 꼭 들어와야 할 돈이 미뤄져 답답하게 되니 시간

을 갖고 여유 있게 기다려야 한다.

코끼리

● 자신이 코끼리의 코에 매달리는 꿈
자신과 잘 아는 어떤 권력자나 세력가에게 시달림을
받게 되거나 병마에 시달리게 된다.

● 코끼리 떼에게 쫓기는 꿈
누군가로부터 강한 압력을 받고 있음을 암시한다. 심
한 압박감과 부담감, 초조감이 이런 꿈으로 나타난 것
이다.

● 코끼리의 코를 싹둑 잘라버린 꿈
남성들이 주로 꾸는 꿈으로 거세에 대한 불안한 심리
가 표출된 것이다.

토끼

● 덫에 걸린 토끼가 발버둥치는 꿈
현재 자신이 속해 있는 모임이나 단체가 마음에 들지

않거나 꺼림칙해서 탈퇴하고 싶지만, 여러 가지 입장이 난처해 눈치만 보고 있음을 나타낸다. 결단력 있게 행동해야 한다.

● 자기 자신이 연구실의 실험용 토끼가 되어 갇혀 있는 꿈

중압감이 이런 꿈을 꾸게 한 것일 수도 있다. 간혹 교통사고에 대한 예시일 수 있으므로 각별히 주의해야 한다.

동물

● 토끼가 달아나 수풀이나 바위 뒤로 숨어버리는 꿈

현재 추진하고 있는 일의 목표가 분명치 못하기 때문에 혼란을 겪고 있음을 나타내는 꿈이다.
계획을 재검토하고 다시금 정확하고
명확한 목표를 세울 필요가 있겠다.

● 토끼가 맹수에게 쫓기는 꿈

부하직원이 사표를 내거나 눈을 속이게 되고, 사귀던 애인이 변심하게 될 꿈이다. 대인 관계가 불안정해지며, 직장을 옮기거나 부서를 옮기는 등의 변화가 예상된다.

● 토끼가 방 안에 들어와 앉아 있는 꿈

집안에 근심이나 우환이 생길 징조다. 그리 심각한 문
제는 아니지만 당분간은 마음이 심란할 것이다. 마음
을 다스리는 게 좋겠다.

해충

● 모기가 윙윙거렸던 꿈

모기는 신경에 거슬리는 인물을 상징
한다. 따라서 불쾌한 사건이 일어날
것을 암시한다.

● 벼룩이 뛰고 있는 것을 잡지 못하는 꿈

집 안에 든 도둑을 놓치게 될 것을 암시한다.

● 자신이 벗어 놓은 옷에 이가 우글거리는 것을 보는 꿈

집안 식구 중에 누군가에게 병이 걸리거나 사기를 당
하는 등 우환이 생긴다.

● 집에 빈대가 많아 잠자리를 옮기는 꿈

재정상의 손실을 끼칠 사람들로 인해 사업 종목을 바

꾸게 된다.

● 깊은 산속에서 호랑이 울음소리를 듣고 혼비백산하
여 도망치거나 숨는 꿈
구설수에 오르거나 재산을 잃게 된다. 신상에 변고가
생길 수도 있다.

● 꼬리가 잘린 호랑이를 보는 꿈
자신의 뜻을 크게 키우지 못하는 다소 안 좋은 일이
일어날 수가 있다. 현실에서는 자살을 시도한 경우도
있는 것으로 나타나고 있다.

● 늙어서 힘이 하나도 없어 보이는 호랑이를 본 꿈
실제로 권력과 지위를 잃게 되고 심신이 고달파질 것
을 암시한다.

● 호랑이가 무서워서 도망치려고 해도 발이 떨어지지
않아 도망갈 수 없어 떨고 있는 꿈
앞으로 벅찬 일이 닥쳐 고통을 당하게 되거나, 권력자

나 힘 있는 자에게 심적 고통을 당하게 된다.

● 호랑이가 집 안에 들어와 쑥대밭을 만들어놓는 꿈
주변의 모함으로 인해 큰 손실을 입고 곤경에 처할 암
시다. 또한 직장 상사의 횡포로 극심한 고통을 겪는다.

● 호랑이가 쫓아오기에 무서워서 도망가다 울타리 위
에 올라섰는데, 호랑이가 발을 무는 꿈
누군가 사나운 사람이 시비를 걸어올 일이 있음을 예
시한다. 그리하여 시비 끝에 자신이 다치게 된다.

● 호랑이가 하늘을 보고 울부짖는 꿈
국가에 중대한 변고가 생길 조짐이 있다.
개인적으로는 시험에 낙방하거나 사업이
내리막길로 향하게 될 것이다.

● 호랑이를 죽이는 꿈
호랑이를 죽이거나 때려눕히거나 도망치게 하는 꿈은
좋지 않다. 돈과 명예, 지위와 사업운을 잃게 된다. 협
조자가 손을 떼게 되며, 사업상의 거래나 계약이 취소
되어 피해를 볼 징조다.

● 호랑이를 타고 가다 내리는 꿈

높은 지위에서 물러나거나 불명예스러운
일로 명예가 훼손된다. 또한 직장인
이라면 좋지 않은 자리로 좌천당하
게 된다.

● 호랑이에게 쫓겨 힘을 다해 도망 다니는 꿈

운이 기울어 장애를 만나 재물을 놓치게 된다. 안간힘
을 써도 운이 따라 주지 않기 때문에 문제를 해결하기
어렵다.

꿈에 관한 잘못된 기초상식 1

* 좋은 꿈은 남에게 이야기하면 안 된다?

좋은 꿈을 이야기한다고 해서, 좋은 꿈의 실현이 사라지는 것은 아니다. 그럼 이런 말이 왜 나왔을까? 그것은 노력하지 않고 자만에 빠지는 것을 경계하기 위해서였다. 또한 좋은 꿈으로 보이는 것이 상징적으로는 나쁜 의미를 지니고 있는 것이 있으므로 경고망동 하지 말라는 의미이기도 하다.

제5장

식물

● 곡식의 씨앗이나 싹을 보는 꿈

어떤 일을 준비하고 계획하고 있음을 암시하는 꿈이다.
씨앗이나 싹의 상태가 좋았다면 계획이 좋은 결과를
가져다줄 것이지만, 만약 썩어 있었다거
나 싹이 부실해 보였다면 계획의 결과를
보기 힘들 것이다. 이런 경우 계획을 포기하
거나 수정해야 한다.

식
물

● 누렇게 익은 벼 위에 새들이 앉아 쪼아 먹는 꿈

사업하는 사람이 이런 꿈을 꾸면 사업에 있어 방해자
나 방해 요소가 나타날 것이다.

● 벼를 베는데 벼에 낟알이 얼마 붙어 있지 않았던 꿈

실속이 별로 없는 일을 하고 있어서 결과를 보게 되었
을 때 실망하게 될 것을 보여주는 꿈이다.

● 쌀 등의 곡식을 짊어지고 집 밖으로 나가는 꿈

재물을 잃게 될 것이다.

● 금이 가거나 상처 난 과일을 얻는 꿈

신체 일부가 불구가 된다는 것을 암시하거나, 불완전한 사업에 관여하게 될 것을 예시한다. 혹은 결혼이 파경에 이르게 된다.

● 밤 껍질을 까는 꿈

가족과 헤어질 암시다. 사별을 하든지, 의절이나 이혼으로 갈라서게 되든지, 먼 곳으로 이민을 가거나 다른 지방으로 가게 되어 멀리 떨어지게 될 것이다.

식물

● 밤송이가 떨어져 있어 주웠더니 빈 것이었던 꿈

가족 중 누군가가 먼 곳으로 여행을 떠나게 될 것이다.

● 벌레 먹거나 상한 과일을 보는 꿈

일의 결과가 좋지 않음을 암시하는 꿈이다.
애를 썼지만 여러 가지 장애나 방해 요소
가 생겨 일이 실패로 돌아갈 것이다. 별
소득이 없게 된다.

● 복숭아를 먹는 꿈

분쟁이나 다툼이 일어나게 될 암시다.

● 탐스러운 포도송이를 따거나 보는 꿈

탐스럽게 열린 포도송이를 따는 꿈은 손
해를 보게 될 징조의 꿈이다. 그러나 그
포도를 먹었다면 일이 순조롭게 진행될
것이다.

● 탐스럽지만 덜 익은 과일을 보는 꿈

만족할 만한 결과를 보지 못한다는 암시다.

● 홍시(감)를 먹거나 보는 꿈

건강에 적신호가 왔다는 암시다.

꽃

● 꽃밭이나 꽃송이를 짓밟아놓은 것을 가만히 보는 꿈

가문에 욕될 일이 돌아오거나 명예가 손상
될 일이 생긴다.

● 꽃을 남들에게 나눠주는 꿈

재산이 흩어지는 흉몽이다. 혹은 남편(아내), 애인에게 권태를 느끼거나 헤어지고 싶은 마음이 반영된 꿈이다.

● 꽃이 땅에 떨어져 사람들에게 밟혀진 꿈

여성이 이런 꿈을 꾸었다면 성을 유린당할 위험이 있다.

● 꽃이 뚝뚝 떨어지는 꿈

불길한 일이 일어날 징조다.

● 꽃이 시들어 있는 꿈

실연을 당하거나 마음이 상할 일이 생길 징조다.

● 전해 받은 꽃다발에 이름이 선명하게 적혀 있는 꿈

이름의 주인공에게 좋지 않은 일이 닥칠 것을 암시한 꿈일 수도 있다.

● 말린 꽃을 누군가에게 선물하는 꿈

그 사람에게 강한 적대감이 있다는 암시다.

● 나무가 부러지는 것을 본 꿈

건강을 잃게 되거나, 집안의 가장이 죽게 됨을 예시한 꿈이다. 만약 그 나무가 아주 오래된 나무였다면 사회적으로 위대한 지도자가 죽거나 사회적으로 막강한 영향력을 발휘하던 기업이 기울어질 것을 예시한 것이다.

● 나무가 톱이나 도끼에 쓰러지는 꿈

방해 세력으로 인해 자신이 실족하게 될지도 모른다는 암시다.

● 나뭇가지를 꺾는 꿈

불길한 사건이 일어날 것을 암시하는 꿈이다. 꽃이나 나뭇가지를 꺾는 꿈은 대체로 불행을 암시하는 경우가 많다.

● 남들에게 꽃나무를 나눠주는 꿈

재산이 흩어지거나 피해를 입어 줄어들게 된다.

식물

● 말라죽은 고목을 보는 꿈
사업운이나 건강이 쇠퇴하게 될 것을 암시
하는 흉몽이다.

● 뿌리가 하늘을 향해 있고, 가지는 땅속에 박힌 나무
를 보는 꿈
불길한 꿈이다. 사업이 도산하거나 실직을 하여 생활
이 곤란해지고, 가족 중에 병에 걸리는 사람이 생기는
등 불행한 일이 일어날 것이다.

● 우거진 숲 속에 나무 하나가 부분적으로 말라 죽어
있는 것을 본 꿈
나무가 부분적으로 죽어 있는 꿈은 좋지
않은 꿈이다. 사업이 지지부진하거나, 질
병에 걸린다. 또한 세력의 일부를 상실하
게 된다.

● 자신이 매달린 나뭇가지나 딛고 있던 나뭇가지가 부
러지는 꿈
사업 기반 등을 잃게 된다. 또한 부모상을 당하거나
의지하던 사람을 잃게 된다.

● 집 안에 나무가 자라나는 꿈

나뭇가지가 온 집 안을 덮어버릴 정도로 자라나 어두컴컴하고 음침한 분위기였다면, 집안에 불행의 그림자가 드리우게 된다.

● 천재지변으로 나무들이 뽑히고 쓰러지는 꿈

여기서의 나무는 자기 자신을 나타낸다. 건강이나 사회적인 지위가 흔들리고 있음을 암시하는 꿈이므로 신변에 주의를 요한다.

낙엽

● 낙엽이 바람에 뒹구는 것을 보는 꿈

슬픈 소식을 접하게 되는 꿈이다.

● 수목이 시들어 낙엽이 지는 꿈

자신의 운명이 급변하여 오랫동안 고생을 하게 되는 꿈으로, 환자가 이러한 꿈을 꾸면 매우 좋지 않다. 흉몽이다.

버섯

● 독버섯을 보거나 먹는 꿈

성적인 유혹에 빠질지도 모른다는 암
시의 꿈이다. 또한 어떤 음모나 계략
에 휘말려들 수 있으므로 주의해야
한다.

씨앗

● 모래밭에 씨앗을 뿌리는 꿈

자신의 처지나 분수에 맞지 않는 일이나 사업을 시작
해서 마음이 불안하게 될 징조다.

열매

● 꽃은 졌는데 열매가 맺히지 않는 꿈

계획한 일이나 진행 중인 일에 발전이 없고, 궁지에
몰리게 될 것을 암시한다.

식물

● 개울에 떠내려 오는 시든 배추를 건지는 꿈
병에 걸리거나 누군가의 부고를 받게 된다. 혹은 불길
한 소식을 듣게 된다.

● 그릇에 고추를 담아놓은 것을 보는 꿈
시비에 휘말리거나 창피 당할 일이 생
길 것이다. 조심해야 한다.

**식
물**

● 누군가 그릇에 콩이나 팥을 넣고 휘저어 소리를 내
는 꿈
집안에 시끄러운 일이 있거나, 집안을 시끄럽게 할 사
람이 있을 것이다.

● 배추를 소금에 절이는 꿈
가족 중 누군가가 질병에 걸릴 것을 예시하는 불길한
꿈이다.

● 삶은 콩이나 콩깍지를 소에게 먹이
는 꿈

집안 식구 중 누군가에게 해가 미칠 것이다.

● 오이를 먹거나 보는 꿈
가족의 건강이 좋지 않다는 신호다. 가족 중 건강에 특별한 이상이 있는 사람은 없는지 유심히 살펴볼 필요가 있다.

● 진딧물이 싱싱한 채소를 갉아 먹는 것을
보는 꿈
주변의 가까운 인물에게 사기, 배신, 외면 등을 당하거나 시달림을 당하게 될 징조다.

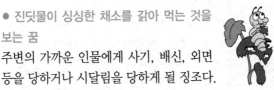

● 큰 오이를 뱀이 감고 있는 것을 보는 꿈
정부가 생기겠다. 간통에 휘말리게 된다.

* 꿈을 꾼 그날만 조심하면 된다?

한번 꾼 꿈은 어떤 일이 있어도 실현된다. 사
소한 꿈일수록 빨리 실현되며, 커다란 사건
의 예지일수록 꿈의 예지 기간이 길다. 보통
자식의 죽음을 예지하는 꿈은 적어도 한 달
에서 4~5개월 전에 꿈으로 예지되고 있다.

제6장

자연

● 강물에서 손발을 씻고 있는데, 오히려 기름 같은 더
러운 것이 묻어서 씻기 어려웠던 꿈

어떤 일을 열심히 하지만 성과를 얻기 어렵다. 또한
재물이 좀처럼 쌓이지 않고, 적성에 맞지 않아 괴로워
하면서도 쉽게 그 직장을 벗어나지 못한다. 당분간 어
려움이 계속될 것이다.

● 강물의 물살이 사납게 출렁거리는 것을 본 꿈

주변에 시끄럽고 골치 아픈 일이 일어날 암시다. 가
까운 사람과 싸움이 일어
나거나 의를 상하게 되고,
재판이나 소송에 연루되는
일이 생길 수도 있으므로 주의해야 한다.

● 강물이 흐리게 보이는 꿈

사업이나 어떤 일을 하는 데 있어 전망이 부정적임을
의미하는 꿈이다.

● 강물이 거꾸로 흐르는 꿈

자연

자기의 주장에 대해 주변 사람들로부터 반격이나 공격을 받게 된다.

● 얕은 물인 줄 알고 물에 들어갔는데, 깊은 강물이어서 물속에 빠진 꿈
쉽게 생각하고 시작했으나 뜻하지 않은 난관이 닥쳐 어려움을 겪게 될 것이라는 예시다.

● 차가 강물에 빠진 꿈
어떤 일의 결과가 다른 곳에 흡수
되거나, 억압을 받게 된다.

● 큰 강의 물이 말라서 쩍쩍 갈라진 강바닥이 드러난 꿈
생활이 곤궁해지고 하는 일이 어렵게 될 조짐이 있다.

● 흐르는 물살을 거슬러 올라가려고 안간힘을 쓰는 꿈
대단히 어려운 상황에 처해 있음을 나타내는 꿈이다. 힘겨운 현실에 저항해 헤쳐나가려는 자신의 의지가 꿈에 나타난 것이다.

● 호수나 강물이 꽁꽁 얼어붙어 있는 꿈

자연

사업 자금이나 일에 필요한 자금이 동결되거나 정체
될 것을 의미한다.

개천 · 냇물

● 냇물이 거꾸로 거슬러 흐르는 것을 보는 꿈
부모나 선생님, 윗사람, 학문 등에 반발할 일이 있을
것이다.

● 바닥이 드러나 보이는 마른 개천 바닥에서 물고기가
팔딱거리고 있는 꿈
유리한 조건에서 돈을 벌게 될 수도 있다.
그러나 그와 반대로 사업이 경영난에
빠질 수 있다. 꿈을 꿨을 때의 느낌이
중요하다.

계절

● 늦가을 갈대밭에 앉아 있는 꿈
깊은 상념에 빠져 갈대숲을 헤어나지 못한다. 추억,
여행 등의 방황이 있겠다.

자
연

● 양지에서 봄볕을 쬐는 꿈

현재 어떤 일에 게으름을 피우고 있다는 암시다.

● 추운 겨울에 불이 꺼져서 추위를 느끼
는 꿈

노력하고 있던 소망이 좌절된다.

● 골짜기에 떨어지는 꿈

어떤 이유로 실업자가 되거나 사업가는 파산하게 된다.
그러나 골짜기에서 기어 나오게 되면 타인의 호의나
원조로 회복할 수 있다.

자
연

● 골짜기에서 야영하는 꿈

비밀을 갖지 않을 수 없는 사태가 발생한다.

● 검은 구름이 자기 집 지붕을 뒤덮는 것을 본 꿈

집안에 흉사가 생길 징조다. 집안의 누군가 죽거나 크

게 다치고, 사업이 망해 가산이 크게 기울게 될 것이다.
만약 구름이 공공기관 같은 곳을 덮고 있었
다면 국가적으로 명망 있는 사람이나,
혹은 권력자가 사망할 수도 있다.

● 구름 위에 올라서서 아래를 내려다보는 꿈
입신출세를 예시하는 길몽이지만, 중병을 앓는 환자
가 이 꿈을 꾸었다면 죽음을 암시하는 흉몽이 된다.

● 구름 위에 있다가 떨어지는 꿈
지나친 자만심으로 인한 실패를 의미한다. 망상이나
지나친 욕심을 버리고 현실적인 계획을 다시 세울 것
을 촉구하는 꿈이다.

● 구름이 별을 가리고 있는 꿈
자신에게 피해를 입힐 사람이 나타날 징조다.

● 구름이 햇빛을 가린 꿈
남의 비방을 듣게 된다.

● 비행기가 먹구름 속으로 사라진 꿈

굳게 믿었던 일들이 한 순간에 수포로 돌아가서, 손을 쓸 수도 없이 망연자실하게 될 징조다.

● 흰 뭉게구름이 흩어지는 꿈
한 조직이 해체되거나 거래처가 뿔뿔이 흩어지고, 재물과 돈이 나가며, 가까운 사람과 헤어지게 된다는 것을 알려주는 꿈이다.

길

● 가던 길이 갑자기 사라지고 곧이어 다른 길을 가고 있는 꿈
인생행로의 이변, 돌발적인 사건이 일어날 것이라는 암시의 꿈이다.

자연

● 가던 길이 점점 좁아지는 꿈
앞날에 대한 불안과 자신 없음을 나타내는 꿈이다.

● 갈림길을 만난 꿈
인생의 큰 전환점, 중요한 선택의 기로에 서 있음을

상징한다. 이 시기에 어떠한 결정을 하느냐에 따라서 앞으로의 인생이 달라질 수 있으므로 현명한 판단을 해야 한다.

● 길거리에서 자신이 물건을 사는 꿈
누군가의 청탁을 받게 되거나, 다른 사람의 부탁을 들어주어야 할 일이 생기게 된다.

● 길을 걷다가 갑자기 맨홀 같은 구멍이 있어 위험하다고 느꼈던 꿈
길에 파여 있는 낭떠러지 같은
구멍은 인생에 있어서의 장애
나 위기를 나타낸다. 만일 구멍
에 빠질 뻔했다면 자기 앞에 닥칠 위험이
나 함정에 대한 경고이며, 빠지고 말았다면 시련이 닥쳐올 것에 대한 예시다.

● 길을 걷다 막다른 길에 들어선 꿈
계획이 잘못된 선택과 방침 등으로 실패로 끝나거나 무산될 암시다. 지금 자신의 계획을 전면 재검토 해봐야 한다.

자
연

● 누군가가 자신에게 약도를 보여 주면서 길을 가르쳐 준 꿈

부동산과 관련되어 중개업자를 통해 사고 팔거나 흥정할 일이 생길 징조다.

● 누군가에게 쫓기거나 위험에 처해 도망을 가는데 길이 막혀 있거나 험했던 꿈

사업이나 자신이 추진하고 있는 어떤 일이 난관에 부딪혀 잘 해결되지 않을 것을 예시하는 꿈이다.

● 발이 빠지고 걷기가 어려운 진흙길을 걷는 꿈

질병에 걸릴 수 있으니 특히 주의해야 한다. 혹은 누군가의 시비에 휘말리거나 모함을 받게 될 수도 있다.

자연

● 여행 중에 길가에 앉아 잠시 휴식을 취하는 꿈

순조롭게 진행되던 일에 문제가 생겨 중도에서 포기하게 되거나, 진행하던 일을 오랫동안 보류하게 된다.

● 자신이 길을 잃고 헤매는 꿈

어떤 결정을 내려야 할 시점에서 결정을 내리지 못하고 방황하게 될 것이다.

● 좁고 울퉁불퉁한 길을 걸어간 꿈

하는 일이 잘 풀리지 않고, 매사에 고통이 뒤따르며, 생각지도 않았던 재수 없는 액운이 따르게 된다.

● 힘들게 오르막길을 걷고 있는 꿈

아무 걱정 없는 순탄한 삶을 살고 있는 사람이라면 이제부터 역경이 닥칠 것이라는 예시이며, 현재 어려움을 겪고 있는 사람이라면 이 어려움을 잘 이겨내고 나면 편안한 삶이 기다리고 있다는 암시의 꿈이다.

자연

논

● 끝없이 넓은 논이나 밭을 쟁기나 트랙터로 갈아엎고 있는 꿈

꿈속에서 '이 넓은 밭을 언제 다 간단 말인가' 하고 지치고 힘들어했다면, 현재 추진하고 있는 일이 결과 없이 수포로 돌아가게 될 것을 암시하는 것이다.

● 논밭에 허수아비가 서 있는 꿈

도둑, 분실, 사기, 속임수 등에 걸려 손해를 보게 될 것을 암시한다.

● 물이 없는 논을 보는 꿈

물질적으로 부족하여 여유가 없고 정신적으로는 사상이나 이념이 한계에 이르렀음을 암시한다.

● 자신이 스스로 논에 모를 심는 꿈

멀리 길을 떠나게 될 것을 암시한다.

● 잡초가 무성한 논이나 밭에 서 있는 꿈

열심히 일을 해도 아무런 성과가 없거나 실속이 없어서 허탈하게 될 암시다.

자연

눈

● 가족이나 친구 등 가까운 사람이 눈을 잔뜩 맞으면서 걷고 있었던 꿈

그 사람에게 좋지 않은 일이 생기게 될 징조다. 사고나 질병으로 건강을 잃게 되거나, 복잡한 일에 연루되

어 곤욕을 치르겠다.

● 눈 쌓인 길이 빙판처럼 얼어 있는 꿈
자신의 마음이 싸늘하게 식어 있음을 암시하는 꿈이다.
사랑하는 사람에게서 마음이 떠나 있다.

● 눈과 비가 섞여 내리는 꿈
가까운 사람에게 배반당하거나 사기를 당하거나 방해
를 받을 우려가 있다. 또는 가까운 사람에게 문제가
생겨 그로 인해 자기까지도 피해를 보게 된다.

자연

● 눈이 녹아 사방이 질퍽하게 보인 꿈
시비가 생겨 쉽게 해결을 보지 못하며, 일 처리가 매
끄럽지 못할 것이다.

● 눈이 쌓이는 것을 쓸어버리는 꿈
자신에게 다가온 좋은 기회를 놓
쳐버리게 된다.

● 눈이 오다가 비가 오다가 우박이 오는 등 날씨가 변
화무쌍한 꿈

걱정할 일이 자주 생긴다. 장애와 곤란이 생기고, 일이 뜻대로 풀리지 않아 몸과 마음이 피곤하게 된다.

● 눈사태로 길이 막혀 오도 가도 못 하는 꿈
동기간에 의를 상할 일이 생길 암시다. 또는 뜻밖의 재난으로 가족들이 뿔뿔이 흩어지는 등 어려움을 겪게 될 것이다.

● 눈사태로 집의 한쪽 귀퉁이만 무너져 내린 꿈
사업상 악재가 겹쳐 어려움을 겪게 될 징조다.

● 사방이 어두컴컴한 가운데 음산하게 눈이 내리는 꿈
불행한 일이 닥쳐올 것을 암시하는 흉몽이다.

● 싸락눈이 내리는 것을 보는 꿈
추진 중인 일이 노력의 보람도 없이 허무하게 끝나게 된다. 혹은 어떤 소문에 휩싸이거나 시끄러운 일이 생기게 된다.

● 좁고 답답한 골목에서 우울하게 싸라기눈이 내리는 것을 본 꿈

자연

별 소득이 없는 일에 시간과 노력을 쏟고 있다는 것을 알려주는 꿈이다. 아무 이득도 없이 마음만 심난해지게 된다.

● 달나라라고 생각되는 곳을 자신이 거니는 꿈

소원, 추진 중인 일, 사업 등이 성취될 것이다. 그러나 이와 달리 별로 좋지 않은 꿈으로 해석되기도 한다. 즉, 주색에 빠질 수 있다는 경고의 꿈이기도 하다.

자연

● 달이 갑자기 떨어지는 꿈

부모님이나 남편(아내) 등 가족의 신상에 중대한 불행이 일어날 암시다.

● 달이 구름에 반쯤 가려진 꿈

부부간에 오해나 다른 문제가 생겨 사이가 벌어지고 다투게 될 것을 암시한다.

● 달이 산 너머로 지는 꿈

부모님이나 남편(아내)의 죽음을 암시
하는 흉몽이다.

● 수면 위에 달그림자가 비친 꿈
계획한 일이 뜻대로 되지 않는다는 것을 암시한다. 혼
담이 깨지거나 계약이 파기된다. 기대를 걸었던 일이
중도에서 좌절된다.

● 하늘에 해와 달이 떠 있는데 어두운 분위기였던 꿈
남의 꼬임에 빠지거나, 유혹에 의한 손실이 있을 것을
암시한다.

자
연

돌

● 쌓아놓은 돌무더기가 허물어지는 꿈
계획 중인 일이나 추진하고 있는 일이 중도에 실패하
거나 포기하게 될 것을 예시한다.

● 큰 바위가 작은 돌덩이가 되는 꿈
처음에는 크게 시작하지만 사정이 여의치 않아 사업
규모가 점차 축소될 것을 암시하는 꿈이다.

● 동굴이 무너지는 꿈

지금까지 심혈을 기울여 진행해오던 일이 돌연 중단
된다.

● 땅이 갈라지는 꿈

직장이나 가정에 우환과 걱정거리가 생
길 암시다. 무조건 피하려고 하기보다는
고난에 대한 준비를 미리 해두는 쪽이
현명하다.

● 땅이 꺼지는 꿈

사회적으로 중대한 변란이나 변고가 일어날 것을 예
시하는 꿈이다.

● 모래를 잔뜩 짊어지고 언덕을 오르는 꿈

공공의 이익이나 복지 등의 명목으로 고통스럽고 고단한 일을 맡게 되어 어려운 고비를 넘게 될 것이다.

● 모래밭에 씨앗을 뿌리는 꿈

사업이나 어떤 계획을 추진하겠지만, 그것의 앞날은 장담할 수가 없을 것이다. 모래에 씨앗을 뿌린다는 것은 되지도 않을 일을 시작한다는 의미일 수 있다. 자기의 적성이나 능력에 부치는 일이나 사업을 추진하는 일은 다시 재고해봐야 할 것이다.

● 모래 한 줌을 꽉 움켜쥐자 손 밑으로 모래가 주르르 빠져나간 꿈

그동안 힘들게 모아 두었던 재산이 일시에 빠져나가게 될 징조다. 지출할 일이 많아진다.

무지개

● 무지개가 갑자기 빛을 잃거나 중간이 끊어졌던 꿈

기대했던 일이 중도에 깨지게 될 것이다. 계약이나 약속이 취소되는 등 좋지 않은 일을 겪게 된다.

● 그릇에 담겨 있던 물을 자신의 실수로 엎는 꿈

재물의 손실을 가져올 일이 생길 것이다. 소원이 좌절
되고, 그동안 추진하던 계약이나 회담이 실패로 끝나
고 만다.

● 누군가 자신을 떠밀어 물에 빠뜨린 꿈

자신에게 악의를 품고 있는 사람에게 이용당하거나
속아 넘어가 큰 피해를 입게 된다. 또는 자신의 허점
이 드러남으로써 공격을 당하게 된다.

자연

● 동물이 물속으로 들어가 자취를 감추는 꿈

어떤 일이 끝이 보이지 않거나, 자신과 관계있는 인물
이 실종될 것을 예시한다.

● 목은 타는데 물을 찾지 못했던 꿈

급하게 필요한 돈을 구하지 못해 낭패를 보게 될 것이
다. 혹은 규모 없이 돈을 쓰고 있는 데 대한 경고의 의
미를 담고 있다.

● 물이 많이 있던 개울물이 갑자기 말라서 바닥이 보이는 꿈

사업 자금이 고갈되어 사업이 어려운 상황이 놓이게 된다.

● 밑 빠진 독에 계속 물을 길어다 붓는 꿈

아무리 열심히 일을 해도 어려운 상황이 지속되고 돈 쓸 일이 생긴다.

● 이고 있던 물통에 물은 없고 바가지만 굴러 나오는 꿈

동업자에게 사기를 당하거나 사업에 아무 이익도 내지 못해 중도 포기하게 될 것을 예시한다.

● 자기 집에 물이 배어 나와 고이는 것을 보는 꿈

집안이나 자손에게 근심이 생길 것을 예시한다.

● 탁한 물을 본 꿈

좋지 않은 사고방식, 문란한 생활, 심신의 컨디션 악화를 상징하는 흉몽이다.

● 흐리고 이끼가 끼어 있는 물에 빨래를 하는 꿈

사업이 어려운 지경에 이르게 되고, 소원이나 추진하던 일이 잘 이루어지지 않는다.

바다

● 바다의 한가운데 우뚝 솟아 있는 높은 산으로 들어가는 꿈
자신의 죽음을 미리 알리는 꿈이다.
혹은 갑작스러운 일로 인해 외국에
갈 일이 생긴다.

● 바닷물이 줄어들거나 말라 바닥이 드러나 보이는 꿈
사업이 위축되고, 하는 일이 점차 그 운이 쇠하여 잘
풀리지 않으며, 자금이나 경제적으로 사정이 안 좋아
진다.

● 어둠침침한 가운데 검푸른 파도가 치는 바다를 바라
본 꿈
상황이 좋지 않다는 것을 경고하는 꿈이다. 힘들수록
침착해야 한다는 경고이기도 하다. 충동적으로 행동
했다가는 큰 피해를 입을 수 있다.

자연

● 바람이 먼지를 일으키며 자기에게로 불어오는 꿈
전란이나 환란이 일어 고통을 받게 될 것이다.

● 바람이 불어 머리카락이 어지럽게 휘날렸던 꿈
집안에 불화가 생기거나 우환이 겹쳐 가족들이 근심
에 휩싸이게 될 징조다. 또는 자기 자신의 마음이 혼
란스러워져 있음을 나타내주는 꿈이다.

● 바람이 세게 불어 불안한 마음이 되었던 꿈
바람 때문에 걱정스럽고 위태로운 느낌이 들었다면 실
제로도 위태로운 상황을 맞게 될 가능성이 높다. 건강
으로나 경제적으로나 사회적으로나 위기를 맞게 된다.

● 옷이나 모자 등이 바람에 날아간 꿈
타인이나 외부의 침범으로 정신적, 물
질적 손실을 입거나 부탁할 일이 생기
게 된다.

● 자기 집이 바람에 날려 공중에 뜨는 꿈

자
연

사업 기반을 잃게 되거나, 실직을 하여 자신의 직위를 상실하게 된다.

● 자기 집이 회오리바람에 휘말려 공중으로 붕 뜬 꿈
어떠한 문제에 연루되어 경찰에 연행되거나 조사를 받게 될 징조다.

● 큰비가 쏟아지면서 세찬 바람이 몰아치는 꿈
주위의 아는 사람이나 가족이 죽거나 다치는 흉한 일이 발생하게 된다.

● 홀연히 바람이 일어 자신에게 불어오는 꿈
경고장, 독촉장, 출석 요구서 등을 받게 되거나, 관청이나 어떤 기관으로부터 문책 받을 일이 생기니 조심해야 한다.

● 회오리바람에 휩쓸려 몸이 공중으로 솟구쳤다가 떨어지는 꿈
대단히 좋지 않은 꿈이다. 뜻하지 않은 재난을 만나 재산과 건강을 잃게 될 것이다.

자
연

● 회오리바람이 요란스럽게 불고 있는 것을 본 꿈

뜻하지 않은 재난으로 일상이 위태로워지거나 머지않아 뜻밖의 장소에서 생각지 못한 형태로 싸움에 휩쓸리게 된다. 이를 피할 만한 뾰족한 수도 없고, 그렇다고 해서 정면으로 막아내게 되면 치명상을 입게 된다. 정신적인 타격에 의해 다시는 재기할 수 없게 될 위험성도 있으므로 마음의 준비를 하고 평소 신중하고 조심스런 생활 태도를 갖는 것이 좋겠다.

바위

● 바위가 공중을 날아다니는 꿈

직장이나 조직에서의 자기의 위치나 직위 등이 불완전한 상태를 의미하는 꿈이다. 때로는 사업에 성공한다는 암시이기도 하다.

● 자기 집 지붕에 큰 바위덩어리가 얹혀 있는 꿈

집안에, 혹은 사업에 우환이나 큰 장애가 생길 것을 암시한 꿈이다.

● 정원석이 반으로 갈라져 있거나 집 안에 있는 수석

자연

등이 깨져 있는 꿈

권위나 지위를 상실하고, 명예가 실추될 징조다.

● 나무에 벼락이 떨어져서 나무가 불타거나
부러지는 꿈

건강을 잃거나 사회적인 지위를 잃게
될 위험이 있다. 돌발적인 사고로 몸을
다치게 될 수도 있으므로 매사에 주의해
야만 한다.

자연

● 벼락이 자기 집으로 떨어지는 꿈

집안에 흉사가 생길 수 있으니 조심해야 한다.

별

● 별들이 낙엽처럼 땅에 떨어져 있는 것을 본 꿈

사업상 손해를 입게 된다. 뭔가 큰 변화를 도모하지
않으면 손해가 점점 커지게 된다.

● 별이 일제히 땅으로 떨어져 사방으로 흩어진 꿈

예로부터 별이 떨어지는 꿈은 천재지변이나 전쟁 등으로 해석했다. 개인적으로는 자기 것이 될 뻔했던 재물을 놓치거나, 그동안 모은 재물을 잃게 되며 자기를 도와주던 사람이 떠나게 된다.

불

● 높은 산 일대가 불타는 것을 본 꿈

국가적, 또는 사회적으로 경사가 생기기도 하지만, 이와 반대로 큰 환난이나 전쟁이 나기도 한다. 또는 큰 건물, 공공기관 등에 실제로 불이 나기도 한다.

자연

● 불을 끄는 꿈

심신이 쇠약해지거나 갑작스런 재난이나 사고 등으로 어려움을 겪게 될 것을 암시한다.

● 불이 꺼지고 난 후 재를 본 꿈

정점에 달했던 권력이나 재산 등이 소멸되고 상실되어간다는 것을 의미한다.

● 불이 났는데 방 안에 연기가 스며드는 꿈

전염병에 감염되거나, 다른 사람으로부터 누명이나 괜한 오해를 받을 일이 생겨 정신적으로 고통을 받게 된다.

● 불이 붙은 양초의 불빛이 약해 금방 꺼질 것 같아 마음이 조마조마했던 꿈

덮어놓았던 과거의 실수로 인해 앞으로 나아가지 못하고 좌절하게 될 것을 예시한다.

● 아궁이에 불을 지피는데 연기만 날 뿐 불이 잘 일지 않는 꿈

사업이나 어떤 일을 시작하겠지만 잘 추진되지 않고, 그 전망도 불투명한 상태라는 것을 암시하는 꿈이다.

● 자기 방 벽 틈으로 연기가 새어나오는 꿈

불쾌한 일을 겪게 되거나, 현재 자신이 사회적으로 좋지 않은 일에 손대고 있음을 나타낸다.

● 자신과 가까운 곳에 불이 나서 물을 끼얹어 불을 끄는 꿈

물을 끼얹은 횟수만큼 돈을 쓸 일이 생긴다. 많은 지

자
연

출로 재산을 탕진하게 될 것이다.

● 자신의 집이 불이 나서 활활 타다가 재만 남는 꿈
한때 사업이 융성하다가 쇠퇴하게 됨을 의미한다.

● 집에 불이 났는데, 불길을 보지 못하고 검은 연기만
퍼져 오르는 것을 보는 꿈
집안에 불화가 생기게 된다. 혹은 자신이 근무하고 있
는 직장에 불길한 일이 생긴다.

● 차가 불길에 휩싸이는 꿈
심각한 위험 상황이 다가오고 있음을
암시하는 꿈이다. 또는 감정이 폭발
직전의 상태에 있다는 것을 알려주는
꿈이다.

● 타오르는 불길을 끄지 못해 발을 동동 구르거나 두
려워하며 불안에 떠는 꿈
집안에 좋지 않은 일이 생긴다. 또는 자신이 계획하던
일, 또는 사업이 경영난이나 재정난을 겪게 되는 등의
좋지 않은 일이 생긴다.

● 화롯불이 꺼져 추위를 느끼는 꿈

추진하던 일이나 소원, 노력하던 일 등이 좌절되거나
희망을 잃게 된다.

● 화재가 났는데 불을 끄지 않고 도망치는 꿈

집안이나 직장에서 화근이 생기고 불길한 일이 생긴다.
그뿐 아니라 그 일로 인해 정신적 고통을 받게 된다.

비

● 갑작스럽게 내린 소나기로 개미 떼가 물살에 떠내려
간 꿈

순간의 실수로 인해 사고가 나고, 많은 재산과 인명
피해가 있을 것을 예고하는 흉몽이다.

● 곡식이나 고추 등을 말리려고 널어놓았는데 갑자기
비가 쏟아진 꿈

남에게 돈을 빌려주거나, 보증을 서
준 것이 잘못되어 손해를 입게 될 것
이다.

자연

● 보슬비를 맞으며 걷는 꿈

어떤 문제에 부딪쳐 어려움을 겪고 있다. 해결 방법을 찾지 못해 절망감에 빠져 있는 심리적 상태가 표출된 것이다.

● 비가 내리는데 우산이 없어서 난감했던 꿈

좋지 않은 일로 이사하게 될 암시다. 금전적인 문제 때문에 집을 줄여서 이사하게 되거나 다른 어떤 문제로 인해 어쩔 수 없이 현재 살고 있는 집에서 떠나게 될 것이다.

● 비가 오는데 천장이 새는 꿈

고민이나 근심 걱정거리가 생기고, 사업이 흔들리게 될 것이다. 어떤 비밀이 누설되어 곤란을 겪을 수도 있다. 또는 다른 사람의 고민거리를 해결해주어야 할 일이 생길 것이다.

● 비가 와서 홍수가 나는 꿈

구설수에 오르게 되거나 일이 뜻대로 잘 되지 않을 것이다. 한마디로 재수 없는 꿈이다.

● 사방이 물에 잠겼는데도 비가 그치지 않아 걱정하
는 꿈

집안에 흉사가 있거나 사회적으로 어떤 환난이 닥칠
것을 암시하는 꿈이다.

● 빗방울이 한두 방울 떨어지는 꿈

눈물과 슬픔, 불만이나 불쾌감 등을 체험하게 될 것을
암시한다.

● 하늘에는 해가 떴는데 비가 내리는 꿈

곤란과 장애에 부딪쳐 갈등과 방황을 겪
게 된다. 부부 또는 연인 사이의 애정
전선에 풍파나 말썽이 생기게 된다. 다투지
않도록 조심해야 한다.

빙산 · 빙판

● 거대한 빙산을 본 꿈

일이 잘 풀리지 않아 어려움을 겪게 될 징조다.

● 빙판 위를 걷고 있었는데 얼음이 깨져서 물에 빠지

는 꿈

현재의 판단이 잘못되었다는 것을 경고하는 꿈이다.
현재로서는 틀림없다고 믿고 있는 어떤 것이 실은 위
험을 초래하는 매우 위태로운 것일 수 있으니 다시 한
번 심사숙고하는 것이 좋겠다.

● 빙판 위에서 미끄러지는 꿈

추진하는 일마다 되는 일이 없고, 당분간
은 일이 순조롭게 진행되지 않는다. 목
적이 이루어지지 않거나 시험, 지위, 신
분, 연애 등에 실패한다.

● 높은 산에서 걸어 내려오는 꿈

높은 지위에 있거나 신분이 고귀한 사람이 이런 꿈을
꾸게 되면 신분이 몰락하게 될 것이다. 좌천, 강등될
것을 암시한다.

● 산꼭대기까지 올랐는데 더 올라가 하늘까지 올라간 꿈

이 꿈은 좋지 않다. 산꼭대기까지 올라간 것은 좋으나

발이 땅에서 떨어져 더 올라갔다는 것은 은퇴를 의미한다. 정년도 되기 전에 직장에서 퇴직하게 될 가능성이 높다.

● 산 정상에 서서 내려갈 준비를 하고 있던 꿈
이제부터 운세가 하강 국면으로 들어선다는 암시다. 새로운 사업을 계획하고 있다면 다시 한 번 고려해보는 게 좋겠다.

● 산에 불이 났는데 연기만 보이는 꿈
불꽃 없이 연기만 나는 꿈이었다면 하는 일이나 사업이 답답해지고 잘 풀리지 않게 된다.그러나 불꽃이 활활 이는 꿈이었다면 사업이 크게 번창할 것이다.

● 산에 안개나 아지랑이가 끼어 있는 꿈
추진 중인 일이나 사업 등이 잘 이루어지지 않아 답답한 상황이 전개될 꿈이다.

● 산을 오르다 떨어지는 꿈
자기의 직위나 직급, 신분 등이 떨어지거나 몰락하게 될 것이다. 또는 계획하는 일이나 소원이 좌절될 것을

자
연

암시하는 것이다.

● 산이 무너져 내리는 꿈
회사가 도산하게 될 것이다. 직장을 잃고 재물의 손실을 입게 될 징조다.

서리

● 서리가 내려 주위가 하얗게 뒤덮이는 꿈
사업이 크게 어려워져 더 이상 버틸 수 없게 되거나, 질병에 걸려 고생하게 된다.

● 자기 옷이나 물건에 이슬이나 서리가 내린 꿈
원하는 바를 이루지 못한다. 크게 마음고생을 하게 될 것이다.

자연

섬

● 섬이 바다 속으로 가라앉는 꿈
혼란이나 불안 속에 빠져 있음을 암시하는 꿈이다.

● 자신이 무인도로 가서 혼자 사는 꿈

직장 생활이나 결혼 생활 등에 피곤을 느끼고 있어 이
들로부터 도망쳐 휴식을 취하고 싶다는 강한 소망이
나타난 꿈이다. 또한 지나치게 가까운 관계
가 부담스럽기 때문에 주변 사람들과 적
당한 거리를 두고 싶다는 마음이 반영된
꿈이다.

소리

● 어디선가 들려오는 소리가 가냘프고 작은 꿈

누군가와 다투거나, 은밀한 사건이 일어났다가 조용
히 끝나게 된다.

숲

● 숲 속을 헤매는 꿈

자기 일에 너무 몰두한 나머지 뭔가를 잃어
버리거나, 깜박 잊는 일이 있을 것을 암시
하는 꿈이다.

자연

안개

● 안개가 자욱해서 한 치 앞도 보이지 않았던 꿈
미래나 일의 전망이 보이지 않는다는 것을 암시한다.
몸에 병을 얻을 수 있다.

● 짙은 안개 속을 걸어가거나 차를 운전하고 가는 꿈
새로운 사업을 추진 중인 사람이라면 다시 한 번 신중
하게 생각해볼 필요가 있다. 가능하다면 잠시 보류하
는 것이 좋다. 앞날이 보이지 않는다는 암시가 담겨져
있기 때문이다.

얼음

● 만화영화에서처럼 자신의 몸이 얼음에 갇히는 꿈
대인 관계에 있어 위축되어 있는 상태로, 자신의 위치
에 위기감을 느끼고 있다는 심리가 표출된 꿈이다. 적
극적으로 마음을 열고 다가가려고 노력할 필요가 있다.

● 살얼음이 얼어 있는 것을 본 꿈
현재의 상황에 위기감을 느끼고 있다. 이루고자 하는

소원이 있다면 앞으로도 많은 시간이 흐른 뒤에야 결과를 볼 수 있게 된다.

● 얼음을 먹는 꿈
과로나 과음으로 인해 건강에 이상이 생겼
다는 암시다.

● 공장이 폭발하거나 화재가 발생한 꿈
검은 연기만 보이고 불꽃이나 화염이 없을 경우에는 큰
파탄과 손실, 말썽, 불상사 등 흉한 일이 일어날 것이다.

● 나무나 물건을 태우는데 검은 연기만 나면서 잘 타
지 않는 꿈
어떠한 장애로 인해 일이 지연되거나 침체기에 빠질
암시다. 실력이 있어도 실력을 발휘할
수 있는 기회를 얻지 못한다. 또
주위에 알아주는 사람도 없다.

● 집에 화재가 났는데 지붕 위로 시커먼 연기만 뿌옇

게 솟아오르고 불꽃은 전혀 보이지 않는 꿈
어려운 문제가 생겨 일의 진척보다는 문제 해결에만
매달리다가 끝내 결과를 보지 못하게 될 암시다. 가족
들과 오해나 불화를 겪게 될 뿐만 아니라 건강에도 적
신호가 온다.

● 지평선 위에서 검은 연기나 검은 구름이 피어오르
는 꿈
먼 나라, 또는 훗날에 전란 등의 불길한 소식을 듣게
된다.

연못

● 연못이 꽁꽁 얼어붙은 꿈
지나친 자기 억제로 인해 자신의 내면세계가 얼어붙
어 있음을 나타내는 꿈이다. 모든 의욕과 솔직한 감정
을 잃어버리고 있는 상태다. 자신을 추스리고, 자신에
게 너그러워지라는 꿈의 충고다.

● 연못이 말라 있는 꿈
조직이나 자신의 재정 상태가 빈약하다는 것을 알려

주는 꿈이다.

● 연못을 만들기 위해 땅을 파는 꿈
조만간 후회할 일이 생길 것이다. 미혼
남녀는 해가 구름에 가리니 근심 걱정이
생긴다.

우박

● 우박이나 싸락눈이 오는 꿈
고생만 하고 일에는 진척이 없을 징조다. 말썽이나 분
쟁이 생겨서 손실과 피해가 발생하며, 사소한 문제가
심각한 장애로 확대되어 낭패를 치르게 된다.

은하수

● 은하수를 올려다본 꿈
병이 깊은 환자가 이 꿈을 꾸었다면 돌아오지 못할 여
행, 즉 죽음의 암시다. 그 경우가 아니라면 일의 성공,
결혼 등을 암시하는 길몽으로 풀이한다.

● 지진으로 마을 전체가 아수라장이 된 꿈

직장을 잃거나 막다른 상황에 몰리게 될 징조다.

● 지진이 일어나는 것을 보는 꿈

이사를 하게 되거나 직장을 옮기며, 사업가는 사업의 업종을 변경해야 할 일이 생기게 된다. 이러한 꿈은 현재의 환경이나 상태를 바꿀 일이 생기게 됨을 예시 한다.

천둥

자연

● 천둥소리가 사방에서 들리는 꿈

천둥소리는 길조로서 이런 꿈을 꾸었다면 문제가 해 결되고 어려움을 극복하게 된다. 그러나 처음엔 천둥 소리인 줄 알았는데 뭔가가 깨지고 무너지는 소리였 다면, 자기 주변에 자신에게 해를 끼칠 인물이 있다는 암시로 받아들여야 한다.

● 천둥소리만 크고 비는 내리지 않는 꿈

문서 관계나 유가 증권 거래에 심사숙고하고 분수에
맞게 처신하지 않으면 크게 낭패를 보게 될 것이다.

태양

● 갑자기 태양이 사라져버린 꿈
권력을 잃게 되고 절망하게 되며, 심하면 생명을 잃을
위험도 있다.

● 빛을 잃은 태양을 본 꿈
불길한 사건이 발생할 조짐이 있다.

● 해가 땅으로 뚝 떨어져 내리는 꿈
옛날에는 왕의 죽음으로 풀이했다. 가정적으로는 가
장이나 아버지의 죽음을 암시한다.

● 해가 떠 있는 가운데 비가 내리는 꿈
배우자와 크게 다투거나 연인과 싸워서 당분간 사이
가 좋지 않을 징조다. 잘못하다간 아예 파탄으로 치달
을 수도 있으니 조심하는 것이 좋다. 먼저 배려하고
이해하도록 노력해야 한다.

● 해가 반으로 갈라지는 것을 본 꿈

집안에 불화가 생기게 되거나, 직장이나 단체에서 분열과 반목이 일어나게 된다. 주위가 갈등으로 시끄럽겠다. 중도를 지키도록 노력해야 한다.

● 해가 지는 광경, 즉 석양을 바라보는 꿈

운세가 극도로 침체되고 있다는 암시의 꿈이다. 업무와 사업 방면에서 좌절을 겪게 될 것이다. 또는 병에 주의하라는 경고의 꿈이다.

● 여객선을 타고 가는 도중 태풍을 만나는 꿈

직장에서나 사업을 진행하는 도중 뜻밖의 재앙을 만나 곤란을 겪게 될 것을 암시한다.

● 자기 집에 폭풍우가 내리는 꿈

집안에 재난이 닥친다는 꿈의 경고다. 또는 자기 자신이 곤경에 처해 있어서 도저히 해결할 수 없다고 생각할 때도 이런 꿈을 꾼다. 불안하고 절망적인 심리가 반영된 꿈이다.

● 집이 흔들거리고 태풍 소리가 들리는 꿈이나 이와
비슷한 꿈
천재 또는 인재로 귀한 생명과 재산을 앗아간다. 우환,
질병, 사고, 불길 등의 불운이 닥칠 수 있다. 매사에
조심해야 한다.

● 차를 몰고 가다가 갑작스러운 태풍이 밀어닥치는 꿈
갑작스러운 천재지변을 만나 사고를 당한다.

● 태풍이 불어 집이나 나무 등이 쓰러지는 꿈
자신의 권세나 능력, 세력 등을 과시할 일이 생기거나
아니면 고통스러운 일이 생길 것이다.

● 태풍이나 폭풍이 부는 가운데 작업을 하는 꿈
권력을 지닌 어떤 기관의 압력으로 진행 중인 일이 중
단되어 어려움에 처하게 될 것이다.

● 폭풍이 불어 나무가 심하게 흔들리는 꿈
직장에서 실직의 위기에 몰리거나, 자신의 지위, 신분

자연

등이 몹시 불안한 상태를 나타낸다. 사업가라면 사업이 불안한 상태다.

파도

● 거친 풍랑이 이는 바다를 바라보고 있었던 꿈
혼란스럽고 근심에 잠겨 있는 마음의 상태가 표출된 꿈이다. 사회생활, 특히 대인 관계에 어려움을 겪고 있는데, 마음이 안정되기까지는 시간이 걸리겠다. 조급해하지 말고, 여유를 가져야 한다.

● 고기잡이배가 풍랑을 만나서 파도 속으로 사라진 꿈
한때 영화를 누렸던 행복이 액운을 만나 실패하고 영원한 곳으로 사라지게 될 징조다. 사고, 낙방 등을 암시한다.

자연

● 바다에 파도가 거세게 일어나는 것을 보는 꿈
부부간에 불화가 생기거나 가족 간에 좋지 않은 일이 생기게 된다. 혹은 사업에 어려운 일이 닥치게 될 것이다.

● 잔잔하던 바닷물에 금방 파도가 치는 꿈

환난이나 우환이 생긴다. 또는 폭력배나 힘 있는 자에
의한 횡포로 고통을 받게 된다.

● 집채만 한 파도가 덮쳐오는 꿈

우환이 닥칠 징조다. 자신의 노력으로 헤쳐나갈 수 없
는 엄청난 상황에 처하게 될 것을 암시하거나, 혹은
그런 상황에 빠질지도 모른다는 공포감이 반영된 꿈
이다.

● 파도가 부딪치는 바위 또는 강변에 서 있는 꿈

알지 못하는 상대방과 시비가 생겨 마음
고생을 하게 된다. 또는 부득이 자신의
사상과는 다른 사회적인 조류에 따르
게 되어 어려운 상황에서 일을 하게 된다.

● 파도 때문에 바다를 항해 중인 배가 위태롭게 보이
는 꿈

사업이나 조직에서 인사사고로 인해 중
대한 위기를 맞게 될 것이다. 실패
를 겪게 될 것을 암시하는 꿈이다.

자
연

● 파도가 밀어닥쳐 집이나 건물이 파손되는 꿈

갑작스러운 위기나 재난이 닥치게 된다. 일이나 사람으로 인해 정신적인 시달림을 받게 된다.

하늘

● 맑았던 하늘이 갑자기 어두워지더니 사방이 깜깜해진 꿈

어려운 상황이 머지않은 미래에 닥쳐와 있으므로 지금 하고 있는 일을 어서 서두르라는 경고의 꿈이다.

● 하늘이 갈라지는 꿈

큰 재난이 일어날 흉몽이다.

● 하늘이 무서운 소리를 내며 무너지는 꿈

가장의 신변에 이상이 나타날 징조다. 직장을 잃게 되는 등 사회적 지위를 상실하게 될 것이다. 건강을 잃을 수도 있다.

● 하늘이 새빨간 꿈

하늘이 붉은 색으로 변하는 꿈은 중대한 사건이나 사

자연

고를 암시하는 꿈이다. 국가적, 사회적으로 변고가 생기게 될 것이다. 가정적으로는 가장의 신상에 변고가 생기게 된다.

● 하늘로 날아 올라가다 떨어지는 꿈

실패, 좌절, 좌천, 해임 등 불명예나 큰 낭패에 부딪치게 될 것이다. 또는 다른 사람들로부터 모욕적인 수모를 당하는 일을 겪는 등의 불쾌한 일을 경험하게 될 것이다.

해변 · 바닷가

● 바닷가에서 수영을 하다 수영복이 벗겨지는 꿈

공개적으로 창피를 당하게 될 일이 생길 것이다. 또는 숨기고 싶은 일이 알려지면서 구설수에 휘말리게 될 것이다.

해일

● 육지의 산과 들에 바닷물이 덮쳤다가 빠진 흔적을 보는 꿈

자신이 추진 중인 사업이 기초 단계에서 중지되어 절망하게 된다.

● 큰 파도나 해일이 자신을 덮치는 꿈
불가항력의 상황에 봉착하게 될 것이다. 한동안 어려움을 겪게 된다.

햇빛

● 산이 햇빛을 가리고 있는 꿈
누군가의 모함을 받게 된다. 또는 부하직원, 아랫사람, 후배 등에게 속임을 당하게 된다. 불길한 꿈이다.

● 햇빛이 눈부셔 눈을 뜰 수 없는 꿈
하는 일이나 앞으로 진행해야 하는 일에 장애와 곤란이 생기고, 주색에 빠져 자칫 낭패를 당할 수 있다는 경고의 꿈이다.

호수

● 돌을 던져 호수에 파문을 일으키는 꿈

자연

완전한 사상이나 방도에 의해서 한 집단이나 기관을 동요시킬 수 있다.

● 호수나 강물이 갑자기 얼어붙는 꿈

정신적 물질적인 사업이 더 이상의 진척이 없어 수입을 기대할 수 없게 될 것이다. 일이 정체되고, 취직이 되지 않아 실업자의 신세를 면치 못한다.

● 호수의 일렁이는 물결이 마치 사람들이 수군대는 소리처럼 들려서 신경이 쓰인 꿈

스트레스나 충격으로 인해서 신경이 지나치게 예민해져 있음을 나타내는 꿈이다.

자연

홍수

● 자기 집이 홍수에 떠내려가거나 물에 잠기는 꿈

집안에 우환이 생길 것을 암시한다. 가족이 사고를 당하거나 병에 걸릴 수도 있고, 예기치 않은 일로 어려움을 겪게 될 것이다. 자기 자신에게 우환이 닥칠 수도 있다.

● 문을 열고 내다보니 엄청난 물살이 자기 집 쪽으로 덮쳐오는 꿈

머지않은 미래에 커다란 우환이 닥칠 것을 암시하는 꿈이다.

● 홍수가 나서 도로와 건물들이 모두 물에 잠기는 꿈

사회적으로 큰 변고가 생길 흉몽이다. 개인적으로는 사회생활에 문제가 발생하여 직장을 잃거나, 대인 관계에 어려움을 겪을 징조다.

● 홍수가 나서 자신이 물살에 휩쓸려 떠내려간 꿈

자신의 의지와는 관계없이 상황에 휩쓸려 곤경에 빠지게 될 것을 암시한다.

● 홍수가 났는데 불어나는 물 때문에 두려워 도망치는 꿈

세력가에게 압도당하여 기를 펴지 못한다. 항상 아랫자리에 머무르게 될 것이다.

● 홍수에 가족이나 친구 등 아는 사람이 떠내려가는 것을 본 꿈

자
연

그 사람의 신변에 좋지 않은 일이 닥칠 것을 암시하는 꿈이다.

● **자기의 몸이나 옷에 흙이 묻는 꿈**
병을 앓게 될 것이다. 또는 다른 사람으로부터 오해를 받고, 누명을 쓰게 된다. 만약 그 흙을 털어냈다면 오해나 누명을 벗게 되고, 병석에서도 일어나게 된다.

● **흙을 만지작거리는 꿈**
어떤 일을 망설이고 있다면 그만두는 것이 좋겠다. 그냥 추진했다가는 망신을 당하거나 수치스러운 일을 당하게 될 것이다.

● **흙을 삽으로 떠서 산더미처럼 쌓는 꿈**
자신의 성격이나 가치관이 지나치게 고집스럽고 경직되어 있음을 암시한다. 이러한 성격을 고치지 않는 이상 대인 관계나 사회생활이 원만해지기 힘들다.

자연

제7장
장소

● 도저히 몸을 움직일 수 없는 좁은 철창에 갇힌 꿈

해결 방법이 보이지 않아 막막한 상태에서 이런 꿈을 꾸게 된다. 또는 난처한 입장에 놓이게 될 것을 예시하는 꿈이기도 하다.

● 어떤 사람이 감옥에 들어가고 옥문이 굳게 닫히는 것을 보는 꿈

감옥에 들어간 그 사람이 현실에서 장기간 병상에 누워 있거나 죽음에 임박해 있음을 암시하는 꿈이다.

● 자신이 감방에 갇혀 있는 꿈

병을 얻게 될 것을 암시한다. 또는 과로와 스트레스로 인해 휴식이 필요하다는 내면으로부터의 경고일 수도 있다.

● 자신이 죄를 짓고 자수하여 스스로 감옥에 들어가는 꿈

신변에 좋지 않을 일이 생길 것을 암시하므로 조심해야 한다.

장소

● 계단에서 미끄러지거나 떨어지는 꿈

불길한 일을 암시한다. 승진 진학 등이 좌절되고, 사업이 실패하는 등 평소 바라던 일이나 추진하던 계획이 무산된다.

● 계단을 오르면서 숨이 가프고 심장박동이 세차게 뛰는 것을 느낀 꿈

억제되어 있는 성적 욕망을 암시한다.

● 끝을 알 수 없는 사다리 계단을 끊임없이 오르는 꿈

병을 앓고 있는 사람이라면 병세가 더욱 악화될 것이다. 또한 사업이나 추진하는 일이 암담하게 된다.

● 사다리 꼭대기에서 내려올 수 없어 곤란을 느끼는 꿈

추진 중인 일을 중단해야 할 일이 생기거나 취업, 진학 등의 일이 어렵게 된다.

장소

과수원

● 과수원에 도둑이 들어 과일을 몽땅 따 가버리고 빈 나무만 남은 꿈

어떤 일로 피해를 입어 재산을 잃게 될 암시다. 도둑을 맞거나 사기를 당할 수 있으므로 철저히 단속을 해야 한다.

관공서

● 관공서에 갈 일이 생겨 관공서를 찾아가고 있었던 꿈

자신의 의지가 아닌 다른 사람의 강요로 어떤 일을 하거나 해야 할 입장에 놓일 것을 암시한다. 거절할 수 없는 난처한 입장이 되더라도 자신의 처신에 심지가 있어야만 곤경에 빠지지 않게 된다.

● 관공서의 현관문을 닫고 밖으로 나서는 꿈

어떤 조직이나 몸담고 있는 회사와 인연을 끊게 된다.

● 볼일이 있어 관공서에 갔는데, 어느 창구에 가서 일을 봐야 하는지 몰라 이리저리 헤매는 꿈

장소

인생의 목표를 상실하고 마음 붙일 곳을
찾지 못해 방황하고 있음을 나타내는 꿈
이다. 좌절감이나 허탈함으로 인해 심리
적으로 상당히 위축되어 있는 상태.
새로운 목표를 찾을 때까지 그 어디에도 적응하
지 못하고 방황하게 될 것이다. 마음을 다스리는 것이
중요하다.

● 타인으로부터 관공서에서 발송한 문서가 들어 있는
봉투를 받는 꿈
중병이나 죽을 고비를 겪는다든지 좋지 못한 불상사
와 손재, 우환 등에 부딪히게 된다. 단, 문서를 받았다
가 다시 되돌려주었다면 결정적인 피해나 파탄 등은
피할 수 있다.

장소

교회

● 교회, 사당, 절집 등에 딸려 있는 주택으로 이사하
는 꿈
건강이 나빠져서 병이 나는 등 우환을 겪게 된다. 또
는 계획하는 일에 의도와는 달리 뜻밖의 손실이나 장

애가 발생한다.

● 군대가 전투에 패배하여 적에게 쫓기는 꿈
사고가 생기거나 하던 일이 실패하게 될 것이다. 손재,
재난 등의 좌절에 부딪치게 된다. 전쟁의 양상이 치열
할수록 여러 가지로 복잡한 난관이 생기며 장애에 부
딪히는 일들이 많아진다.

● 군대에 자기도 모르는 사이에 징집되는 꿈
표출되지 못한 성적 욕망을 암시하는 꿈이다.

● 길을 가다 병영 앞이나 검문소에서 보초병에게 검문
을 당하는 꿈
보초병은 현실에서 사업이나 어떤 일에 있어 걸림돌
이 될 인물을 상징한다. 혹은 병마를 의미하기도 한다.
따라서 이런 꿈을 꾸면 사업이 위태로워지고, 또는 병
에 걸리게 된다.

● 궁궐이 낡고 퇴색해 보이거나 허물어져 보이는 꿈
현재 근무하고 있는 직장에 어떤 좋지 않은 일이 생길
것이다. 또한 자신이 직장에서 물러나야 할 일이 발생
할 수도 있다.

● 궁궐이 다 쓰러져가는 것처럼 보이는 꿈
직장이나 사업장에 좋지 않은 일이 생기게 되거나, 실
직을 당할 상황에 직면하게 된다.

● 자신이 들어가려는 궁궐의 문이 굳게 닫혀 있어 들
어갈 수 없었던 꿈
사업이나 추진 중인 일, 계획했던
일 등이 실패하게 될 것이다. 만약
취업 준비생이나 직장인이 이런 꿈
을 꾸면 취업, 승진 등에 실패하게 된다.

장소

● 다락이나 골방에서 잠을 자거나 누워 있는 꿈

식구나 아랫사람들과 연관된 우환이나 손실이 발생되어 피해를 입거나 곤란을 겪게 된다.

다리(대교)

● 다리가 무너진 꿈

좋지 않은 쪽의 변화를 겪게 될 조짐이 있다. 더 나쁜 직장으로 옮기게 되거나 한직으로 발령을 받는 등 자신에게 불리한 일이 생기게 된다.

● 다리가 빙판으로 얼어 있는 꿈

한시적으로 연락이 끊어지고 왕래가 없다.

● 다리를 건너는데 그 다리가 까마득히 멀어 보이는 꿈

노인들이 이런 꿈을 꾸게 되면 사망의 징조로 볼 수 있다.

● 다리를 건너는데 그 다리가 흔들리는 꿈

사업이나 추진 중인 일이 난관에 부딪히거나 위험에 처해 있다는 것을 나타낸다.

장소

● 다리 위에 많은 사람들이 지나가는 것을 본 꿈

오래전부터 어떤 기관이나 다른 사람에게 부탁한 일
이 결국 이루어지지 않을 징조다.

● 매우 위험해 보이는 계곡에 아슬아슬하게 놓여 있는
다리를 건너는 꿈

현재 위기 상황에 놓여 있다는 암시다. 만일 이 다리
를 무사히 건넜다면 결국 위기 상황을 잘 극복하게 될
것이다.

● 안개가 자욱한 가운데 다리를 건너간 꿈

죽음을 암시하는 흉몽이다. 만일 돌아가신 조상과 함
께 그 다리를 건넜다면 틀림없이 죽음을 암시하는 꿈
이다.

장소

담·벽

● 거대한 담이 가로막아 길을 갈 수가 없었던 꿈

예상보다 큰 피해나 말썽에 부딪혀 어려움을 치르게
되고, 장애와 손실이 빚어지는 등 실패와 좌절이 있게
된다.

● 누군가가 자기 집 담을 부수고 있는 꿈

변화를 갈망하고 있으나 마음에서만 갈망하고 있을 뿐, 행동으로 옮기지 못하고 망설이고 있는 심리가 반영된 꿈이다. 자신의 내면에서 변화를 촉구하고 있는 것이다.

● 담장 밑에 구멍이 뚫려 있는 꿈

도둑을 맞거나 재물과 돈이 새어 나간다. 가운이 기울게 된다.

● 벽에 무수한 파리 떼가 붙어 있는 것을 보는 꿈

부모나 가장, 호주 등의 남편 신상에 우환이 생길 것을 암시한다.

장소

● 사방의 벽이 막혔는데 탈출구를 찾지 못하는 꿈

누군가의 압력으로 일의 실마리를 찾지 못하거나, 절망 상태에 빠져 고통을 받는다.

● 키우는 개가 담장을 보고 짖으며 쩔쩔매는 꿈

밤에 도둑을 맞게 되는 등 반갑지 않은 불

청객을 맞게 된다.

대문·문

● 다른 집의 대문이 꼭 닫혀 있는 것을 보는 꿈
절친하게 지내던 사람과 절교하게 된다.

● 문이 부서져 있거나 구멍이 뚫린 꿈
사업이나 가정에 심각한 장애가 닥쳐올 것을 암시하
는 꿈이다.

● 새 집을 짓고 들어가 문을 닫고 나오지 않는 꿈
현실에서 환자인 사람이 이런 꿈을 꾸면 병세가 더욱
악화되거나 임종이 가까워졌음을 의미한다.

● 자기 눈앞에서 문이 닫힌 꿈
하던 일이 문제에 부딪쳐 막히게 되고, 어려움에 빠지
게 될 징조다. 해결 방법을 찾기가 어려우며 한동안
곤경을 겪게 된다.

● 자기 집 문패를 떼어내는 꿈

장소

문패를 떼는 사람이 누구이든 자기 집 문패를 떼는 꿈을 꾸면 명성이나 인기 등이 몰락하게 된다.

● 친구나 친지가 집에 찾아왔는데 문 앞에서 인사만 하고 돌아간 꿈

그 사람에게 좋지 않은 일이 일어날 암시다. 또한 그 사람과 좋지 않은 일로 오랫동안 못 보게 되거나, 그 사람의 부음을 듣게 된다.

목욕탕

● 옷을 입은 채로 욕조에 들어간 꿈

뭔가 부담스러운 일을 해결하지 않고 있어서 찜찜한 심리를 나타내는 꿈이다. 그 일을 해결하지 않고서는 일이 잘 풀릴 수 없다는 촉구의 의미이기도 하다.

무덤

● 공동묘지에서 자기 조상의 무덤을 찾지 못하는 꿈

어려운 시련이 닥치고, 그때 자기를 도와줄 어떤 후원

자도 없어서 더욱 큰 시련을 겪게 된다.

● 누군가의 시체를 가매장하는 꿈
어떤 위험한 사건이 생겨 그 일을 감추게 된다. 다른 **사람들로부터의** 위험을 피해 재물을 감춰둘 일이 생**기게 된다.**

● 무덤에서 갑자기 손이 툭 튀어나오는 꿈
채권자의 빚 독촉으로 고통을 받
게 된다.

● 묘지의 비석을 무너뜨리는 꿈
남편이나 연인을 잃는 두려움이나 그들로부터 해방되
고 싶다는 생각이 표출된 꿈이다.

● 큰 무덤 앞에 낭떠러지가 있는 것을 보는 꿈
협조자나 협조 기관의 운세가 오래가지 못하고 어려
운 상황에 놓이게 되니 줄을 잘 서야 한다.

장소

● 구렁이가 문턱에 걸쳐 있다가 사라지는 꿈

결혼 후 생이별을 하게 된다.

● 누군가가 신을 신은 채로 방에 들어온 꿈

병을 얻게 될 암시다. 가족들의 건강에 특별히 유의해야 한다.

● 누군가 문턱에 걸터앉아 있는 것을 보는 꿈

상대방이 진퇴양난의 상황에 처해 있는 것을 보게 될 것이다. 혹은 애인이 결혼을 망설이고 있다는 것을 암시하는 것이다.

● 애인이 자기 집 방문턱에 걸터앉아 자신의 방을 들여다보는 꿈

현실에서 애인이 결혼할까 말까 망설이고 있음을 나타내는 꿈이다.

● 안방 바닥이 푹 파여 있었던 꿈

부부 관계에 문제가 생길 조짐이 있다.

장소

백화점

● 백화점에 가서 돈 걱정 없이 값비싼 물건들을 잔뜩
사오는 꿈
경제적으로 크게 곤란을 겪게 될 징조
다. 생활이 궁핍해져 기본적인 의식주
마저도 부담이 될 정도가 된다.

● 시장이나 백화점에서 유난히 얼룩무늬 옷을 입은 사
람이 눈에 띈 꿈
어디를 가든지 하루 종일 머리가 어지럽고 복잡한 일
이 생긴다.

병원

● 교통사고로 병원에 입원한 꿈
실제로 현실과 같은 일이 생기거나
몸이 불편하게 된다. 질병이나 사고
가 있을 수 있다. 주의를 요하는 경고몽이다.

● 병원에서 퇴원하는 꿈

장소

환자가 이런 꿈을 꾸었다면 이것은 흉몽이다. 병이 다 나아서 퇴원하는 것이 아니라 죽어서 병원을 나서게 될 것을 암시하기 때문이다. 하지만 건강한 사람이 이런 꿈을 꿨다면 부모나 학교 등 자신을 구속하고 간섭하는 존재로부터 독립하고자 하는 욕망이 표출된 것으로 본다.

● 병원 대기실에 앉아 있는 꿈
실제로 지병이 오래갈 것이다. **또한 그로 인해 매우 고통을 겪게 된다.**

부엌

● 부엌에서 음식을 열심히 만든 꿈
진행 중인 일을 재점검하거나 새로운 일을 모색해야 할 징조다.

● 부엌살림이나 주방가구가 소리를 내는 꿈
비방을 듣게 되거나 모함에 빠지고, 그로 인해 피해가 발생하게 된다.

● 한집에 주방이 두 군데 있는 것을 보는 꿈

집안에 심각한 말썽이나 불화가 일어나 식구간에 의리가 손상되며, 재물이 흩어지고 경영하는 일에 장애가 생겨 성취를 거두기 힘들다. 두 집 살림을 차리거나 분가 등 이중살림을 하게 된다.

영안실 · 장례식장

● 누군가의 시신 앞에서 어떤 사람과 함께 곡을 하는 꿈

자신의 명예나 이권, 재산, 지위 등을 누군가가 노리고 있음을 암시하고 있는 꿈이다.

● 영안실에서 영정을 본 꿈

그 사진 속의 인물에 대한 적대감을 나타낸 꿈이다. 그 사람과 다시는 만나고 싶지 않다고 생각하여 관계를 완전히 끊고자 하는 마음이 강렬한 경우 이런 꿈을 꾸게 된다. 그러나 평소에 자신이 미워하던 인물이 아니라면 그 사람에게 위험이 닥칠 수 있다는 예시로 풀이된다.

● 자신뿐만 아니라 상제가 여러 명 있는 꿈

장소

자신이 받아야 할 권리를 빼앗기게 되거나, 유산을 분배해야 할 일이 생긴다.

● 장례식에서 사람들이 떼 지어 곡을 하는 것을 보는 꿈

여러 사람의 시비에 말려들어 싸움
을 하게 될 것이다. 또한 그로 인해
불쾌한 기분이 된다.

● 장례식에 참석하여 조의금을 내는 꿈

사업이 어려움에 처하게 될 것이다. 뿐만 아니라 그
일과 관련하여 기관이나 관청 등에 청탁을 할 일이 생
긴다.

● 장례식에 찾아가 상제와 맞절을 하는 꿈

소원이 이루어지지 않는다.

● 초상집에 가서 일을 거드는 꿈

비교적 길몽이지만 간혹 주변 사람의 죽음을 예시하
는 경우도 있을 수 있다.

옥상

● 지하실 문을 열고 나오니 앞이 훤히 트인 대로이거나 옥상 위였던 꿈

곤란한 문제나 비밀스런 상황, 근심, 말썽 등을 해결하기 위한 방법을 찾도록 경고하는 예지몽이다.

● 홀로 옥상이나 나무에 올라간 꿈

하던 일을 그만두거나, 정신적으로 외로운 처지가 될 것을 예시한다.

우물

● 여러 개의 우물을 지나는 꿈

한 직장에서 적응하지 못하고 여러 직장을 전전하게 될 것이다. 사업가가 이런 꿈을 꾼다. 여러 가지의 사업을 벌여서 실패할 것이다. 또한 도움을 받고자 여러 기관에 청탁을 하게 되는 등 어려움을 겪게 된다.

장소

● 우물가나 수돗가에서 물이 반 동이만 들어 있는 것
을 보는 꿈
반동이의 물을 보게 되면 바라던 금액의 반만 받게 된다.

● 우물물이 넘쳐흐르기만 할 뿐 바닥에 차지 않는 꿈
재산을 모으기는 하지만, 뜻하지 않던 일이 발생하여
그만큼의 소비를 하게 된다.

● 우물물이 뒤집혀 밖으로 흘러나오고, 그 물이 흙탕
물이 되거나 탁하게 변하면서 부글부글 끓는 꿈
집안에 좋지 않은 일이 생기고, 자신의 사업체나 회사
등이 어려워진다. 우환이나 부정, 소란스러운 일이 생
기게 된다.

장소

● 우물물이 마르는 꿈
집안의 재산이 축나거나 직장에서 급여를 받지 못해
생활에 곤란을 겪게 될 것이다.

● 우물에 빠져 나오지 못한 꿈
누군가에게 원한 맺힐 일을 당하거나, 감옥에 갈 일이
있을 것이다. 혹은 어떤 사건을 관청 같은 기관에서

처리해주기를 바랄 일이 있을 것이다.

● 우물의 물이 부옇게 흐렸던 꿈
우물의 물이건 흐르는 물이건 탁한 물은 불운이 찾아
올 징조다. 더군다나 이런 물을 떠서 마셨다면 건강을
잃게 되거나 장애를 만나게 될 것이다.

은행

● 은행에 돈을 입금시키려고 창구 앞에 서 있는 꿈
자신의 독단대로만 일을 처리하지 말 것을
경고하는 꿈이다. 여러 사람의 의견을 듣고
합리적이고 신중하게 판단하고 행동해
야만 실수가 없다.

장소

장독대

● 간장독의 간장이 거품이 나거나 더러운 꿈
집안에 풍파가 생긴다. 또는 누가 병들거나 죽게 된다.

● 절에서 얻은 작은 돌부처를 잃어버렸다거나 떨어뜨려서 깨뜨린 꿈
좋지 않은 일이 닥칠 흉몽이다.

정원 · 마당

● 마당이나 정원에 배가 놓여 있거나 집 마당에서 배에 올라타는 꿈
재물이 흩어지고 말썽이나 손실 등 장애가 발생하게 된다.

● 마당에 잡초가 무성한 꿈
가세가 기울어 살림이 궁색해질 징조다.
가장이 사회적으로 어려움을 겪게 되고, 그로 인해 가정 경제가 파탄지경에
이를 수 있으므로 조심하도록 한다.

● 자기 집 마당이 움푹 가라앉은 꿈
가족, 특히 어머니가 심각한 병이 걸릴 암시다. 또는

장소

집안 전체에 우환이 닥칠 징조다. 현재 살고 있는 집의 방바닥이나 마당이 움푹 꺼진 것이 선명하게 기억에 남는 꿈이라면 속히 그 집에서 다른 집으로 이사하는 것이 좋다.

● 정원에 큰 향나무를 톱으로 베어 자르는 꿈
부모님의 신변에 먹구름이 끼고, 우환과 질병이 들끓게 된다. 파면, 실패가 뒤따른다.

지붕·천장

● 강한 바람이 불어 지붕이 뚫리거나 날아간 꿈
자기 자신이나 가족에게 좋지 않은 일이 발생할 조짐이 있다. 건강을 잃거나 재산상 피해를 보게 된다.

● 자기 집 지붕이 무너지는 꿈
집안에 우환이 닥치고, 질병에 걸리거나 손재수를 당하는 등 흉사가 겹칠 것을 예시한다.

● 지붕에 사람들이 빽빽이 서 있는 것을 보는 꿈
집안이나 직장에 어려운 일이 생긴다.

장소

● 지붕에 누군가가 새 옷을 입고 올라가 있는 것을 보는 꿈

직장을 은퇴할 사람이나 죽음이 임박한 사람을 보게 된다.

● 지붕에 커다란 구멍이 뚫려 있었던 꿈

건강에 문제가 발생할 징조다. 가족 중에도 평소에 건강에 이상이 생겼다고 생각하면서도 병원을 찾지 않고 있는 사람이 있다면 한시바삐 병원을 찾아 무슨 병이 있는지 알아보아야 한다. 특히 가장의 건강이 염려되는 꿈이다.

● 천장에 거미줄이나 전선 등이 어지럽게 이어져 있는 꿈

두통거리나 정리해야 할 일이 쌓이게 될 것이다. 또는 정부 기관 같은 곳에 청탁해둔 어떤 일이 해결이 되지 않아 전체 계획에 차질이 생기게 될 것이다.

● 천장이 유난히 낮아서 답답했던 꿈

마음속에 심각한 고민이 있거나 스트레스가 누적된

장소

상태라는 것을 표출한 꿈이다. 사업이나 직장에서의 업무, 복잡한 인간관계 등으로 인해 지나치게 스트레스를 받고 있다. 건강을 해칠 우려가 있으므로 마음의 여유를 찾도록 노력해야 한다.

● 호랑이나 고양이가 지붕에 올라가 내려다보는 꿈
권력가나 자기보다 높은 사람이 자신에게
해를 끼치거나 억압을 가하는 일이 생긴다.

지하실

● 자신의 집 지하실에 물이 가득 차 있던 물이 얼어붙은 꿈
사업 자금 등이 동결 상태에 놓이게 된다.

● 자신이 지하실로 들어가는 꿈
암거래 등의 유혹을 받게 될 징조다. 만일 그 지하실이 어두운 곳이었다면, 자신의 현재 생활이 불만족스럽다는 것을 의미한다.

● 캄캄한 지하실 내부를 헤매는 꿈

장소

밝힐 것을 밝히지 못하고 죄지은 사람으로 몰려 고통
을 받게 된다.

집

● 멀리 떨어져 있던 가족이 집으로 돌아온 꿈
그 사람의 신상에 좋지 않은 일이 발생할 것이다.

● 어느 집을 찾아갔는데 비어 있는 집이었던 꿈
일이 뜻대로 안 돼서 초조해하고 있음을 반영하는 꿈
이다. 자신은 열심히 하고 있는데 헛수고가 될까봐 마
음을 졸이고 있는 것이다.

● 자기 집 대들보가 무너지는 꿈
집안의 가장이나 세대주가 중병에 걸리거나 사망하게
될 흉몽이다.

● 자기 소유의 큰 저택이 폐가처럼 으스스한 분위기가
감돌았던 꿈
실속 없이 겉치레만 요란한 일이
되기 쉽다.

장소

● 집을 비워두고 외출하는 꿈

실제로 병이 들어 병원에 입원함으로써 집을 비우게 된다. 또는 죽음을 맞이하여 집을 떠나게 될 것을 암시하는 꿈이다.

● 집의 일부가 무너지는 꿈

사업이 무너지거나 명예를 잃을 일이 있을 것이다. 또는 병에 걸리게 된다.

● 집이 부서져 있는 꿈

가족 중에 질병이나 죽음을 맞이할 사람이 생길 불행한 징조다. 이밖에도 가장이 직장을 잃게 되거나, 금전적으로 어려움을 겪게 될 것이다.

장소

창고

● 창고나 부속건물이 무너지거나 부서지는 꿈

집안 살림이 기울어 흩어지고 곤란한 일에 휘말리며 사람이 다치는 사고나 중병을 앓는 등 재물의 손실과 실패 및 좌절을 겪게 된다.

● 깜깜한 터널 속에서 헤매는 꿈

곤란을 겪고 있는데 해결책을 찾을 수 없는 경우에 이런 꿈을 꾸게 된다.

● 어두운 터널을 빠져나와 보니 아름다운 화원이 펼쳐져 있었던 꿈

죽음을 암시하는 꿈이다.

● 터널 속으로 자동차가 왔다 갔다 하는 꿈

갑자기 일거리가 늘게 되어 분주하게 될 것을 암시한다.

현관

● 현관에 온갖 잡동사니가 굴러다니며 지저분했던 꿈

몸과 마음이 편치 못한 상태임을 나타내는 꿈이다. 마음에 고민이 가득하여 혼란한 상태이거나, 누적된 피로 등으로 인해 몸의 컨디션이 좋지 않은 상태에서 이런 꿈을 꾸게 된다.

장소

● 현관문을 여는 꿈

집안에서 누군가 나가게 되는 등 가정불화가 있을 것이다.

● 현관에 불이 꺼져 있는 꿈

잘되던 일이 잘 풀리지 않고, 다가오는 앞날이 캄캄하기만 하다. 장애, 난관, 실패, 중단 등의 어려움을 겪게 된다.

화장실

● 공중화장실에서 대변을 보고 있는데 밖에 많은 사람들이 줄을 서 있어서 마음 편하게 볼일을 보지 못하고 불안해했던 꿈

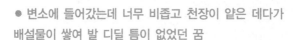

돈을 쓰기 싫어하는 사람이 이런 꿈을 꾸게 된다. 돈을 쓰기보다는 절약하고 저축하는 것이 몸에 습관처럼 밴 사람이 이렇게 대변 보는 데 어려움을 겪는 꿈을 꾼다.

● 변소에 들어갔는데 너무 비좁고 천장이 얕은 데다가 배설물이 쌓여 발 디딜 틈이 없었던 꿈

장소

어떤 일이나 사업을 성취시키려 하지만, 사업 기반도 미비하고 여건이나 상황이 여의치 않아 잘 이루어지지 않을 것을 예시하는 꿈이다.

● 화장실 바닥에 넘어져 대소변이 묻는 꿈
대소변이 묻었더라도 화장실에서 넘어진 것은 흉몽이다. 직위를 상실하거나 명예가 실추된다.

● 화장실에 빠졌는데 도저히 기어 나올 수 없었던 꿈
목전에서 이득을 놓치고 만다. 건강이나 사회적 지위를 잃게 될 수도 있다.

● 화장실의 사방이 트여 제대로 일을 볼 수 없는 꿈

사업이나 추진 중인 일, 계획하는 일 등에 어떤 방해가 생겨 실패하게 될 것이다.

장소

꿈에 관한 잘못된 기초상식 3

* 해몽은 꼭 전문가가 해야 한다?

꿈은 어떤 법칙이 존재하는 것이 아니다. 꿈은 자신의 내면에 담고 있는 특징적 요소를 표출하거나, 또는 자신의 미래에 대한 예언적 요소를 보여주는 경우가 많아 얼마든지 스스로가 해석할 수가 있다. 실증적인 사례와 검증된 정보를 살피는 등 해당 정보를 활용한다면 꿈을 꾼 자신이 가장 잘 해몽할 수 있다.

꿈에 관한 잘못된 기초상식 4

* 돼지꿈, 똥꿈을 꾸면 반드시 재물이 생긴다?
돼지는 재물뿐 아니라 태아의 표상물, 또는
욕심 많은 사람으로 상징되기도 한다. 따라
서 돼지꿈을 꿨다고 반드시 복권당첨으로
실현되는 것은 아니다. 또한 돼지꿈과 똥꿈,
그 자체가 중요한 것이 아니라, 꿈의 표상이
어떻게 전개되었느냐가 중요하다. 들어오던
돼지를 쫓아내는 꿈, 똥을 퍼다 버리는 꿈이
재물운으로 이루어지지 않는다.

제8장

행동 · 사건

● 길을 잃고 헤매고 있을 때 안내자를 만나는 꿈

곧 어려운 일을 당하게 될 것을 예시하는 꿈이다. 자신의 힘으로 해결할 수 없는 난감한 상황에 빠지게 될지도 모른다. 만일 꿈에 나타난 안내자가 심각한 표정을 짓거나 허둥지둥하거나 갑자기 어디론가 사라지거나 했다면 대단히 심각한 상황을 맞이하게 될 것이다.

● 길을 걷는데 길이 갑자기 끊겨서 더 이상 갈 수 없었던 꿈

돌발적으로 일어나는 사건으로 인해서 인생행로를 변경해야 한다는 것을 암시한다. 자신의 노력으로도 어쩔 수 없는 상황이 닥치게 되므로 신중하게 행동해야 한다.

● 길을 걷는데 갑자기 커다란 바윗덩어리가 떨어져 길이 막히는 꿈

하던 일이 장애를 만나 막히게 될 것을 암시한다.

행동·사건

● 길을 걷는데 막다른 길을 만난 꿈

잘못된 선택으로 인해 일이 실패로 돌아가게 될 것을
암시한다.

● 마음은 초조하고 급한데 걸음이 잘 안 걸리는 꿈

청탁한 일이 잘 진행되지 않아 안타까워할 것이다.

● 목적도 없이 무작정 걷기만 하는 꿈

일이나 사업이 언제 성취될지 모르며, 환자인 경우에
는 병이 오래간다.

● 어느 한 공간을 왔다 갔다 하는 꿈

진행하던 일이나 계획하는 일이나 사건, 이야기 등이
더 이상 진행되지 않고 정체되어 있을 것을 암시하는
꿈이다.

● 좁고 험한 산길을 걷는 꿈

하는 일이 잘 풀리지 않고, 어려움이 따르며, 몸도 마
음도 편치 않은 꿈이다. 길이 곧지 않으면 자신이 추
진하려는 일이 난관에 부딪혀 어려움을 겪게 되며 불
안정해질 것이다.

● 짐이나 갓난아이를 업고 걷는 꿈
지금 계획하는 일이나 진행하고 있는 일이
무거운 짐을 진 것처럼 고통과 괴로움뿐이다.

결혼하다

● 결혼 전에 신발 한 짝을 잃어버리는 꿈
결혼을 하더라도 서로 이별하게 된다.

● 결혼식 도중 상복 입은 사람을 보는 꿈
뜻밖의 재물 손실이나 불상사, 구설수, 말썽, 우환, 질
병 등의 장애에 부딪히게 된다.

● 결혼이 누군가의 방해 때문에 깨지게 되는 꿈
매우 허망한 일에 부딪히게 되거나, 다급한 사정 혹은
낭패를 겪게 된다.

● 아름다운 처녀와 결혼하게 되어 좋아하는 꿈
부담스러운 짐을 떠맡게 될 징조다. 주변으로부터 거
절하기 힘든 청탁을 받게 되거나, 곤란한 일을 떠맡게
된다. 꿈속에서 결국 결혼식을 치렀다면 그 일을 떠맡

행동·사건

게 되고, 단순히 결혼을 앞두고 좋아하는 상태에서 깼다면 부담스러운 일을 떠맡게 될 가능성이 있는 것이다. 심사숙고하여 일을 신중히 하는 것이 좋다.

● 아내가 결혼하는 꿈
머지않아 아내와 사별하게 된다.

● 이미 결혼한 여성이 신부가 되어 웨딩드레스를 입고 하객들에게 인사하는 꿈
남편이나 자식들에게 불길한 일이 닥칠 우려가 있다. 결혼한 남자가 새신랑이 되어 결혼하는 꿈을 꾼 경우에도 마찬가지로 아내나 자녀들에게 좋지 않은 일이 생길 징조로 본다.

● 형제나 자매가 결혼하는 꿈
꿈속에서 결혼을 한 그 형제에게 불길한 일이 닥칠 징조다. 뜻하지 않은 사고나 질병이 염려된다.

● 정혼한 사람을 두고 다른 사람과 결혼하는 꿈
집안에 좋지 못한 궂은 일이 생긴다. 한쪽이 죽어서

행동 · 사건

부부간에 이별하거나, 헤어지는 등 심각한 위기를 맞게 된다.

● 한 장소에서 여러 쌍이 결혼을 하는 꿈
일을 진행하기 위한 약속이나 회담이 거듭 반복되는 것을 암시한다.

● 유명한 사람, 연예인과 결혼하는 꿈
구설수에 휘말리게 된다. 주위 사람들과 마찰이 생겨 고립되거나 곤란한 입장에 처하게 된다. 또는 애정 관계나 이성 문제에서 말썽을 빚게 된다.

고백하다

● 사랑을 고백하는 꿈
주위 사람들로부터 비난을 당하거나 중상 모략으로 괴로워진다.

그리다

● 그림이 자기가 의도했던 대로 잘 안 그려진 꿈

행동 · 사건

계획이나 소원했던 일을 자기 뜻대로 이루어지지 않을 징조다.

● 그림을 잘못 그려서 여러 번 고치는 꿈
취직이 되지만 오지에 부임하게 되고, 승진을 하지만 한직에 머무르게 된다.

● 자신이 내용을 알지 못하는 추상화를 그리는 꿈
어떤 일을 계획하게 되거나, 마음이 정 돈되지 않아 혼란스러울 일이 있겠다.

깨뜨리다

● 그릇, 거울, 달걀, 병 따위를 실수로 깨뜨리는 꿈
금전상의 피해와 곤란한 장애가 발생하게 된다.

● 자신의 물건을 떨어뜨려 깨뜨리는 꿈
자신의 실수로 일이 좋지 않은 방향으로 흘러갈 수 있음을 암시한다.

행동 · 사건

낚시하다

● 낚시를 하러 가서 낚싯줄이 길게 늘어져 있는 것을 본 꿈

사업이나 계획하던 일을 성사시키는 데 오랜 시간과 많은 노력이 필요함을 예시하니 끈기 있게 나아가야 한다.

내려가다

● 내리막길을 내려간 꿈

운세가 내리막길로 향할 것을 암시하는 꿈이다. 시련이 닥치게 되므로 마음의 준비를 하는 한편, 현재 추진하고 있는 일에 대해 다시 한 번 심사숙고해야만 하겠다.

● 자신이 하늘에 올랐다가 갑자기 내려오는 꿈

흉몽으로 불시에 재난을 당하게 될 것을 암시한다.

행동·사건

넘어지다

● 길바닥에 넘어지는 바람에 옷에 흙이 묻어 더러워지는 꿈

출산을 앞둔 임산부라면 유산의 위험이 있으므로 각별히 주의해야 한다. 일반적으로는 질병이나 사고가 발생함을 예시한다.

● 미끄러운 진흙땅에 미끄러져 넘어진 꿈

새로운 일을 추진하고 있다면 다시 한 번 검토해보라는 주의 촉구의 꿈이다. 시작한 지 얼마 되지 않아서 좌절에 부딪치게 될 가능성이 높다.

노래하다

● 나지막한 언덕 아래에서 자신이 노래를 하는 꿈

뜻밖의 사고로 인해 부모를 잃게 되는 등 곡할 일이 생기게 되는 불길한 꿈이다.

● 사람들 앞에 서서 노래를 부르는데 음정이나 박자가 맞지 않아 망신만 당한 꿈

행동·사건

● 389

사랑하는 사람이 있으나 자신의 감정을 전달하지 못했을 때 자주 꾼다. 아울러 대인 관계에 서툴러서 종종 오해를 사고 있다고 느낄 때 이에 대한 고민이 꿈으로 나타난 것이다.

● 신나는 노래를 하고 있는 꿈

불행한 일이 닥칠 것을 암시하는 꿈이다. 꿈속에서 들떠 있었을수록 불행의 깊이도 깊다.

● 우울하고 애잔한 노래를 부르고 있는 꿈

애인이나 친구와 이별을 앞두고 착잡해져 있는 심정을 나타낸다.

● 자기 곁에서 아내나 애인이 노래하는 꿈

상대방과의 사이에 불평과 오해가 생겨 서로의 마음을 상하게 할 일이 생기니 서로 배려해주는 마음이 필요하다.

● 자신이 아는 사람과 춤을 추며 노래한 꿈

서로 다른 견해를 가지고 있던 상대방과 시비할 일이

있게 되거나, 갑작스러운 어려움이 생긴다.

● 자신이 알고 있는 어떤 사람이 노래하는 것을 듣는 꿈

꿈속의 그 사람이 자기에게 뭔가를 부탁
하거나 납득시키려 하며, 잘난 척하여
불쾌한 경험을 하게 될 것이다. 또는
예상하지 못했던 일이 생겨 시간을 낭
비하거나, 주위에서 슬픈 일이 생겨 동정
할 일이 생긴다.

● 자신이 합창단의 일원이 되어 큰 무대에서 합창을
하는 꿈

자신의 주변에서 불의의 사건이 일어나 집단적으로
공동 성명이나 시위 등을 할 일이 생긴다. 만약 자신
이 공연장 객석에 앉아 합창을 듣는 꿈이었다면, 자신
에게 정신적, 실질적으로 영향을 미치는 어떤 단체의
선전이나 압력으로 혼란이 생기게 될 것이다.

노름하다

● 낯선 시골 노인들이 자신에게 화투를 치자고 달려드

는 꿈

어떤 기관이나 단체에 청탁한 어떤 일이 심사를 당하게 되거나 경쟁자가 많이 있음을 나타낸다.

● 노름판에서 노름을 하는 꿈

근심 걱정이 생기게 된다. 그러나 돈을 많이 따서 기뻐하는 꿈이었다면 사업이나 일에 성공하여 상당한 재물을 얻게 된다.

● 어떤 사람과 마주 앉아 화투를 치는 꿈

서로 마주 앉아 있는 것만으로도 두 사람 사이에 의견 대립이 있음을 암시하는 것이다. 게다가 서로 화투장을 맞춰보는 것은 일에 있어서나 사업상 시빗거리가 생길 것을 의미하는 것이다. 또한 노름판에서 적은 액수의 돈을 따면 근심 걱정이 생기고, 막대한 돈을 따면 상당한 일거리나 재물이 생길 것이다.

● 오락기나 슬롯머신 등 기계로 노름을 하는 꿈

뜻하지 않은 장애나 말썽이 생기고 소망이나 계획에 차질이 생겨 손해를 보는 등 좋지 못한 일이 생긴다.

● 화투를 치려고 하다가 치지 않고 옆으로 밀어놓는 꿈

청원했던 서류가 보류되어 추진 중인 일이 이루어지지 않고 마음고생을 하게 된다.

● 화투장이 흩어져 있는 것을 보는 꿈

계획하는 일이나 사건, 진행되는 사업 등이 잘 정리되지 못하고 갈등에 휩싸이게 될 꿈이다.

놀다

● 가위바위보를 하며 노는 꿈

지는 경우에는 그 일들에서 실패하거나 상대방에게 패하게 되는 것이다. 만약 상대방과 의견이 대립되거나 계획하는 일이 얼른 결말이 나지 않아 애를 태우게 될 것이다.

● 놀이공원의 도깨비집에 들어간 꿈

성적인 교류에 대한 소망을 나타내는 꿈이다. 특히 여성의 경우 꿈속에서 도깨비나 괴물에 놀라 자지러지게 소리를 질렀다면 성적 욕구가 강렬함을 나타내는

것이다.

● 보물찾기를 하는데 자신은 보물을 하나도 찾지 못하는 꿈

계획하고 노력했지만 희망과는 반대로 취직, 진급이 무산될 것이다. 또한 시험에서 낙제를 면하기 어려울 뿐만 아니라 당첨에서도 탈락하게 된다.

● 숨바꼭질을 하는데 자신이 술래가 되어 찾아다니는 꿈

어린아이들이 이런 꿈을 꾸면 미래에 시험이나 대학진학 같은 것에서 실패하여 고통을 당하게 될 것이다. 어른이 이런 꿈을 꾸면 사업이나 연구의 진행 등에 차질이 생겨 고민하게 된다. 또는 시험이 있어 불안한 심리 상태를 나타내거나 잊고 있었던 과거의 불미스러운 일로 인하여 심적 고통을 당하게 되리라는 것을 암시하기도 한다.

행동·사건

● 아무도 없는 놀이터에서 혼자 놀고 있는 꿈

힘겹고 복잡한 현실로부터 도망치고

싶다는 도피 심리가 반영된 꿈이다.

● 어린 시절로 돌아가서 다른 아이들과 재미있게 놀이를 하는 꿈

어린 시절로 돌아가고 싶다는, 즉 아무런 근심도 없고, 책임질 일도 없이 편하게 살고 싶다는 도피 심리가 이런 꿈으로 나타난 것이다.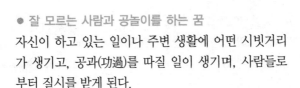

● 잘 모르는 사람과 공놀이를 하는 꿈

자신이 하고 있는 일이나 주변 생활에 어떤 시빗거리가 생기고, 공과(功過)를 따질 일이 생기며, 사람들로부터 질시를 받게 된다.

눕다

● 검은 이불을 덮고 자리에 누워 있는 꿈

간혹 병으로 자리에 누울 것을 암시하기도 한다.

● 누워 있는 자기 머리 위로 다른 사람이 다리를 뻗고 누워 있는 꿈

같은 목적을 가지고 있는 사람이 있어 자신에게 위협이 되겠다. 또 위협이 되는 그 상대방이 먼저 목적을 이루게 될 것이다. 직장인이라면 자신의 동료가 먼저 승진을 하게 될 것이다.

● 누워 있는 자기 발아래로 어떤 사람이 앉아 있는 꿈
발아래에 누워 있는 사람으로 인하여 어떤 일이 잘 진행되지 않거나 시간이 많이 지체될 수 있다.

● 땅바닥에 엎드려 있는 꿈
우울한 일 또는 심각한 고민거리가 생기게 될 암시다.

다치다

● 가족이나 친구 등 가까운 사람이 사고를 당하는 것을 보는 꿈
꿈속에서 본 그 사람에게 실제로 사고가 일어나거나, 좋지 않은 일이 일어날 것이다.

● 교통사고를 당하는 꿈

실제로 교통사고를 당하거나 안전사고가 일어날 암시다. 꿈에 나온 상황 그대로 사고가 나지는 않더라도 어떤 식으로든 몸을 다치게 될 가능성이 높다.

● 실수나 고의로 스스로 자기 몸에 상처를 냈으나 피가 나지 않는 꿈

좋지 않은 꿈이다. 매사에 주의가 필요하다.

● 손발에 상처가 나는 꿈

손가락이 절단되면 친구를 잃게 되고, 무릎을 다치면 영업이 부진할 것이다.

● 자신이 강도에게 죽거나 상처를 입은 꿈

자신이 계획한 일을 다른 사람에 의해 혹평을 받거나, 비판을 받을 징조다.

달리다

● 마라톤 선수가 되어 달리고 있는데, 아무리 달려도 결승점에 도달하지 못해 힘들어하는 꿈

행동 · 사건

계획 자체가 잘못되었거나 방법이 잘못되어 목적을 달성하기 어렵다는 것을 암시한다.

● 자신은 뛰고 있다고 생각하는데 발이 땅에 닿지 않아 불안했던 꿈

심리적으로 대단히 불안정해져 있는 상태다. 힘든 상황에 처해 있는 경우 현실도피 심리를 나타내는 꿈이기도 하다.

던지다

● 누군가에게 돌을 던져 맞히는 꿈

꿈속에서 자신의 돌을 맞은 사람과 다투게 된다는 암시다. 만약 상대방이 이성이었다면 구애하고 싶은 심리를 나타낸 꿈이라고 본다.

● 흙더미를 다른 사람에게 내던지는 꿈

자신이 남에게 손해나 곤란을 끼치든지 타인에게 손실이나 장애 등 말썽을 치르게 된다.

행동·사건

● 애인 이외의 사람과 데이트하는 꿈
현재 사귀고 있는 사람에게 지나치게 의존
하고 있음을 암시한다.

도망치다

● 도망치고 있는 꿈
어떤 일에 대한 불안감에서 오는 꿈으로, 결국 그 일
이 잘 풀리지 않아 커다란 패배감을 맛보게 될 것을
암시한다.

● 도망치려 해도 잘 뛰어지지 않는 꿈
어떠한 고민으로 인해 무척 고심하고 있음을 암시한다.
독립심과 의타심 사이에서 갈등하고 있다.

등산

● 등산 장비를 등에 진 채 무게에 눌려 낑낑거리며 산
에 오르는 꿈

행동 · 사건

소원이나 사업, 계획한 일에 어려움이 따르고 진행되던 일 자체가 모두 무산될 가능성이 있다.

때리다

● 누군가를 몽둥이로 때리는 꿈

어떤 기구를 이용하여 상대를 때리는 것은 단체나 집단, 특정 세력 등의 힘을 빌어 상대방을 억압하거나 강제하고 있다는 것을 나타내는 꿈이다.

● 누군가 갓난아기를 때리는 것을 본 꿈

크고 작은 일로 분주해질 것이다. 경우에 따라서는 뜻하지 않던 작은 횡재가 생기는 등 작은 소망을 이루게 될 징조다.

● 동물을 때리거나 걷어차는 꿈

임산부라면 유산에 주의해야 한다.

떨어지다

행동 · 사건

● 높은 곳에서 떨어지는 꿈

지위와 명예의 상실, 자존심이 땅에 떨어
지는 것을 암시한다.

● 자다가 침대에서 떨어진 꿈

지위와 명예를 잃고, 사업에 어려움을 겪게 되며, 결
혼 생활에 문제가 생길 것이다.

● 지진이 나서 땅이 갈라진 틈새로 떨어진 꿈

자신의 신변에 좋지 않은 일이 일어날 징조다. 분쟁이
나 다툼에 말려들어 자신의 입장이 곤란해지게 될 것
이다. 또한 그로 인해 손해를 입거나 걱정거리를 떠안
게 된다.

● 탈옥을 하다가 담에서 떨어지는 꿈

마음먹었던 일들이 중도에 좌절되고, 처지
가 딱하게 된다. 파면, 불합격, 실패, 불통,
해약 등 엎친 데 덮친 격으로 불운이 닥
친다.

● 하늘에서 갑자기 떨어지는 꿈

하던 일이 일시에 중단되어 어려움을 겪게 되며, 불시
에 재난을 당하게 될 징조다.

뛰어넘다

● 남의 집 담장이나 지붕을 뛰어넘어서 자신의 집으로
들어오는 꿈
좋지 못한 불상사나 실패 등 궂은 일이 발
생하게 될 것이다. 또 그로 인해 피해를
입고, 말썽을 치르게 된다.

마비되다

● 온몸이 마비되어 움직여 보려고 안간힘을 쓴 꿈
자신의 성격이나 사고방식이 지나치게 경직되어 있어
대인 관계나 사회생활에 어려움을 겪고 있음을 나타
내는 꿈이다. 사업적으로도 경직된 경영 방식 때문에
원활하게 풀리지 않고 있다. 또한 신체적으로도 질병
에 걸릴 위험이 있다.

● 얼굴 근육이 마비되는 꿈

행동·사건

실제로 어떤 사업이나 조직에서 중추적이고 상징적인 표상이 잘못되거나 일의 진행이 마비된다. 중풍, 신경통, 마비, 실패가 있다.

말다툼

● 같이 길을 가던 일행 중에 누군가 자신에게 시비를 걸어 다툼이 일어나거나 분위기가 험악해지는 꿈

가까운 사람들 중에 자신에게 피해를 입히려는 사람이 있다. 그러므로 잘 살펴볼 필요가 있다. 만약 여성이 꿈속에서 동행하던 여자와 시비가 붙었다면 남편이나 현재 사귀고 있는 남성이 바람을 피울 가능성이 있다.

● 친구 또는 애인, 동료와 말다툼을 벌이는 꿈

주위 사람과 의견 충돌이나 다툼이 생길 징조다. 말로 인해 구설수에 오를 것이다.

● 택시요금 때문에 운전기사하고 말다툼을 하는 꿈

하루 온종일 기분이 불쾌하고, 구설수와 망신살이 뻗

치게 된다. 또는 사고가 발생한다.

● 누군가에게 걷어차이는 꿈
상대방에게 멸시를 받거나 명예훼손을 당할 것이다.

● 상대방에게 매를 맞는 꿈
다른 사람으로부터 공격, 비난을 받을 일이 생긴다.
또는 그와는 반대로 만족할 만한 호평을 받게 될 수도
있다.

● 상대방에게 매를 맞아 난 상처에서 피가 난 꿈
정신적 또는 물질적인 손실을 보게 된다.

● 꿀을 찍어 먹거나 혀로 핥고 있는 꿈
꿀이나 사탕 등 단 것을 핥고 있는 꿈은 우울한 일, 괴
로운 문제와 직면하게 될 암시다. 혹은 위장에 문제가
생겼을 수도 있다.

행동 · 사건

● 자장면이나 국수, 라면 등을 먹은 꿈
위장병이나 이질, 설사, 감기, 오한, 두통
등에 걸려 고통을 호소하게 될 징조다.
건강에 유의해야 한다.

묶이다

● 묶여 있는 채로 웃고 있었던 꿈
꿈속에서 웃고 있었다면 이것은 머지않은 미
래에 깊은 절망감을 경험하게 된다는 암
시다. 자신의 신변이나 주변에 불행한
일이 닥칠 것이다.

● 온몸이 꽁꽁 묶인 채로 울고 있는 꿈
남편(아내)을 포함한 가정생활, 직장 생활 등으로부터
구속받고 있는 것이 싫다고 생각하면서도, 한편으로
는 그 구속이 사라질까 두려워하는 상반된 마음이 반
영된 꿈이다.

● 자기의 몸이 밧줄로 묶여 있는 꿈
사업, 직장 생활, 가정생활 등의 일상에 지쳐 있음을

행동 · 사건

나타낸다. 이러한 일상들로부터 자신이 구속
받고 있다고 느끼며 자유로워지고 싶어 하는
심리가 반영된 꿈이다.

묻히다

● 자기 자신이 흙에 파묻히는 꿈

이 꿈은 그야말로 흉몽이다. 열렸던 운이든 아니면,
막혔던 운이든 앞으로의 운세가 좋지 않을 것을 암시
하는 꿈이다. 즉, 운이 앞 뒤 없이 꽉
막히는 꿈으로, 그야말로 암담한 현
실을 암시한다.

밀다

● 등을 떠밀리는 꿈

등을 떠밀려 싫은 느낌을 받았다면 대인 관계가 잘 이
뤄지지 않음을 뜻한다.

바둑 · 장기

행동 · 사건

● 내기 장기나 바둑을 두는 꿈
시비에 휘말리거나 소송 사건에 연루
될 수 있다.

● 장기나 바둑을 두면서 고민을 하는 꿈
자신이 소속된 집단에서의 세력 다툼에 끼어들게 될
것이다. 또는 사회적, 경제적 변화에 의해 자신의 생
활이나 일이 영향을 받게 된다.

● 자기 집 안방에서 장기를 두는 꿈
나라 안에 이념 분쟁이나 정치적인 격론이 일어난다.
심지어는 전쟁 등이 일어날 수도 있다.

● 장기를 두고 있는데 상대방이 장기 알을 한꺼번에
움직여 오는 꿈
경쟁자가 모든 수단을 동원하여 자신을 공격해 올 것
을 예시한다.

비명

● 뛰어가려고 해도 뛸 수 없고, 비명을 지르려 해도 소

리가 나오지 않는 꿈

어떤 일을 급히 추진시키려 하지만 생각처럼
잘 되지 않아 안타까워하게 된다. 성급함을
버리고 차근차근 추진할 필요가 있다.

성(性)

● 미술관에서 나체화를 보고 성적 충동을 느끼는 꿈

어떤 사람의 개인적인 문제나 내용을 알게 되어 화를
낼 일이 생긴다. 혹은 어떤 작품 등을 보
면서 불쾌감을 느끼는 일을 경험하게 될
것이다.

● 이성과 강제로 성교를 하는 꿈

어떤 일을 강압적으로 성취하지만 양심의 가책을 받
아 고통을 받게 된다.

● 이성과의 성교가 실패한 꿈

계획하던 일이 미수에 그치거나 불만족스럽게 진행된
다. 또는 불쾌한 일을 경험하게 된다.

행동·사건

● 이성의 성기를 보는데도 욕정이 생기지 않는 꿈

다른 사람의 감언이설에 넘어가거나 욕구 불만이 생겨 불쾌한 일을 겪게 될 것이다. 꿈속의 이성이 고의로 성기를 노출시킨 것이라면 다른 사람이 자신의 실력을 과시하는 것을 지켜보게 되거나, 상대방이 자신의 사업에 대해 관심을 갖도록 설득하거나 유도해야만 하는 일이 있게 된다.

● 자기 남편(아내)과 성관계를 갖는 꿈

자기 남편(아내)과의 섹스에 권태감을 느끼고 있다는 심리가 표출된 꿈이다. 또는 걱정거리가 생길 암시다.

● 자기가 사정한 것을 보는 꿈

물질적으로 많은 소비를 하게 되고, 정신적으로 고통을 당하여 체력의 소모가 따르는 일을 하게 된다.

● 자신이 알고 있는 어떤 사람이 성교하는 것을 몰래 보는 꿈

다른 사람이 하는 일에 관여하게 되거나, 자기 일에 남이 관여하여 불쾌해진다.

● 정액이 옷에 묻어 불쾌해지는 꿈

추진하던 일이나 어떤 소원이 성취되겠지만, 실수나 싸움이 생기고 시빗거리가 남아 불쾌함을 느낄 일이 있다.

시험

● 시험 문제를 척척 풀고 있는 꿈

실제로는 자신감이 없는 상태일 때 많이
꾸는 꿈이다. 또는 실제로 앞두고 있는
시험에서 낙방할 것을 예시한 꿈이다.

● 시험 보러 가는 도중에 사고가 나서 시험장에 가지 못했던 꿈

시험을 앞두고 초조한 심리가 반영된 꿈이다. 준비가 제대로 되지 않은 데다가 시간이 부족하다는 생각 때문에 어떻게 해서든 회피하고 싶은 심리가 꿈으로 나타난 것이다.

● 시험 시간에 늦게 도착해 시험장에 들어갈 수 없어서 발을 동동 굴렀던 꿈

행동·사건

현재 처한 상황이나 문제로부터 도망치고 싶은 도피
심리가 표출된 꿈이다.

싸우다

● 낯선 사람과 시비가 붙어 싸울 것같이 불안한 분위
기에서 깬 꿈
낯선 사람과 시비가 붙거나 곧 싸움이 일어날 것처럼
불안한 분위기가 되는 꿈은 자신의 내면에 갈등이 있
을 때 꾸게 된다.

● 누군가 자신에게 호통을 치는 꿈
누군가에게 복종을 해야만 하거나, 내키지
않지만 그의 지시에 따라야만 하는 일이 생
긴다. 또한 하는 일이 순조롭게 진행되지
않은 것이다.

● 술집이나 잔칫집에서 함께 술을 마시던
사람과 멱살을 잡고 다투는 꿈
재산상의 분쟁이 일어나거나, 분쟁으로
인해 재산상의 피해를 보게 될 것이다.

행동 · 사건

특히 동업을 하거나 빚보증을 서줄 때 각별히 신중을
기해야 한다.

쓰러지다

● 기둥이 쓰러지는 꿈
아버지나 스승의 죽음을 암시한다.

● 소를 타거나 몰고 가다가 쓰러져 일어나지 못한 꿈
자기의 세력이나 단체, 사업체 등이 어려운 처지에 놓
이게 될 징조다.

● 잔칫집에서 술에 취해 쓰러진 꿈
계획한 일이 뜻대로 되지 않거나, 연인과 다툴 일이
있는 등 걱정거리가 생길 징조다. 건강이 나빠질 것을
암시하는 꿈이기도 하므로 건강에 주의할 필요가 있다.

씻다

● 그릇에 물을 떠다 놓고 방에서 세수를 하는 꿈
밀폐된 장소로 안내되어 어떤 지시를 받거나 훈계를

받게 된다.

● 물에 세수는 하지 않고 입만 헹구어내는 꿈
실직을 당하거나 어떤 일을 중도 포기해야
할 일이 생기게 된다.

악수하다

● 악수하면서 손을 마구 흔들어대는 꿈
상대방과의 협력, 결합, 결연에 문제가 발생할 것이다.
또한 흔드는 횟수만큼 일이 생기게 된다.

앉다

● 길을 걷다가 길가에 앉아 쉬는 꿈
사업이나 일이 중단되어 기다리게 된다. 혹은 어떤 일
자리에 한동안 머무르게 될 것이다.

● 의자에 앉지 못하는 꿈
직장에서 면직되거나 입시, 취업 등에서 떨어지게 된다.

행동 · 사건

여행하다

● 어딘지 모르는 곳을 다니며 여행하는 꿈

다른 사람들은 활동하는데 혼자서만 정
지해 있는 것 같은 불안한 마음이 표출된
꿈이다.

● 여행 중에 길가에 앉아서 휴식을 취하는 꿈

그동안 순조롭게 진행되던 일에 문제가 생겨 중도에서
포기하게 되거나, 진행하던 일을 오랫동안 보류하게
될 징조다.

연설하다

● 열변을 토하는데 군중들이 몰려오는 꿈

힘들고 벅차 일들이 하나 둘씩 생
기게 된다.

연주하다

● 악기를 연주하고 있는 도중에 악기의 줄이 끊어지

는 꿈

사업이나 계획하던 일이 실패로 돌아간다. 혹은 임신 중절을 하게 되거나, 사랑하는 사람과 인연이 끊어지거나 이별을 하게 된다.

올라가다

● 암벽을 타고 오르다 자일이 끊어져 아래로 떨어지는 꿈

자신의 협조자나 협조 기관 등 우호적인 세력이 떨어져나가거나, 직장을 잃게 된다. 또한 신분, 직위, 권세 등이 몰락한다.

● 자신이 지붕 위에 올라서 있는 꿈

지위, 신분, 명예 등이 강등 당하거나, 자신이 맡은 일에서 손을 떼야 할 일이 생기게 되며, 외로운 처지에 놓이게 된다.

● 절벽을 타고 올라가는 꿈

어떤 일에 있어 힘든 난관에 봉착하게 될 것을 암시한다. 그러나 그 절벽을 무사히 올

행동 · 사건

라간다면 어떤 어려운 일을 성취하게 될 것이다.

● 더러운 물에서 수영하는 꿈

누군가의 나쁜 유혹에 빠지게 되거나, 질병에 걸릴 수
있으니 조심해야 한다.

● 마라톤 선수가 되어 경기를 하는 꿈

오랜 시간과 많은 고민을 안고 사업을 경영하게 되고,
이념 투쟁으로 인하여 많은 고초를 겪게 된다.

● 스쿠버다이빙을 하는 꿈

자신의 잠재된 재능이나 자신도 모르는
자신의 내면에 대해 알고 싶어 하는 생각
이 꿈으로 표현된 것이다.

울다

● 누군가 슬퍼하는 것을 보는 꿈

슬퍼하는 사람이 누군가와 동일시되는 인물이라면 동

일시되는 그 사람에게는 불만스럽거나 슬픈 일이 생길 것이다. 뿐만 아니라 자신도 거기에 영향을 받아 불안한 상황에 처하게 될 것이다.

● 누군가 자기 앞에서 서글프게 우는 것을 보는 꿈
꿈속에 나타난 그가 상징하는 사람에게 압도당하여 주눅들 일이 생기거나, 그 사람으로 인해 불행한 일을 겪게 된다.

● 슬픈 일에도 시원하게 울지 못하는 꿈
답답한 일이 생겨서 어려움을 겪게 된다.

● 아내와 자식들이 자기 앞에서 대성통곡을 하며 우는 꿈
자신의 건강에 심각하게 문제가 생기거나, 사업상으로 큰 타격을 입을 징조다.

● 자신의 조상이 슬퍼하는 것을 보는 꿈
집안의 가장이나 호주, 직장 상사에게 불행이 닥치고, 그 영향을 받아 어려움을 겪게 된다.

행동 · 사건

● 잘 모르는 여자가 흐느껴 우는 꿈

집안에 불길한 일이 생기는 등 신상에 좋
지 않은 일이 생겨 어려움이 계속된다.

● 젊은 여자가 흐느껴 우는 것을 보는 꿈

불길한 일에 직면하게 될 것이다. 또한 그 불길한 일에
직면하여 수습할 방법을 찾지 못한다. 만약 그 여자가
노래를 부르다가 갑자기 흐느껴 울기 시작한 것이라면
누군가 모함을 하거나 흉계를 꾸며 불쾌한 일을 겪게
된다.

웃다

● 누군가 상대방이 나와는 다르게 기뻐하고 있는 것을
보는 꿈

운동경기나 경쟁적인 일에서 패배하게 되어 불쾌감을
맛보게 되거나 불만을 갖게 된다.

● 다른 사람이 미소 짓는 것을 보는 꿈

뭔가 불쾌감을 겪게 될 것이다. 상대방이 나를 보고
미소 짓는 것은 불쾌한 감정이나 뭔가를 숨기고 있는

행동·사건

또 다른 표현이기 때문이다.

● 많은 사람들이 모여 있는 공연장에서 청중과 함께 웃는 꿈
남과 시비를 하게 된다. 남을 혹평할 일이 있게 되어 다툼이 생기게 된다.

● 상대방이 통쾌하게 웃는 것을 보는 꿈
계획하고 있던 일이 누군가의 흉계에 말려들거나 병에 걸리게 된다.

● 아무도 없는 공간에서 어디선가 들려오는 웃음소리를 듣는 꿈
사람들의 비웃음을 사거나 병에 시달리는 등 여러 가지 어려움을 겪게 된다.

● 어떤 사람에 대해 자애로운 마음이 생겨 빙그레 웃는 꿈
상대방 또는 어떤 일로 인해 염려하는 마음이 생기거나 애착이 생기게 된다.

● 자신이 미친 듯이 웃고 있는 꿈

꿈과는 반대로 도저히 헤어날 수 없는 깊
은 절망감에 빠지게 될 징조다. 주
변의 누군가로 인해 큰 슬픔을 겪게
될 수도 있다.

● 젊은 여자가 깔깔 웃는 것을 보는 꿈

어떤 흉계나 구설수에 휘말려 손해를 보거나 낭패를
당하게 될 징조다. 여자의 웃음은 누군가를 조소하거
나 뭔가를 은폐하려는 것이기 때문이다. 혹은 어떤 일
에 있어 자신의 의지가 꺾이거나, 억제당하기도 하고,
병을 앓을 수도 있다. 꿈속의 여자는 병마를 상징하기
도 한다.

● 즐겁게 웃으면서 노래하고 춤추는 꿈

깊은 절망이나 슬픔에 빠지게 될 징조다.

행동 · 사건

● 탁 트인 장소에서 많은 사람들이 왁자하게 웃는 꿈

여러 사람에게 비웃음을 당할 일이 있게 된다.

● 수업시간에 책가방을 잃어버려 쩔쩔맨 꿈
실제 물건을 도난당하게 되어 애를 먹게 된다. 실수, 실패, 중단, 사고 등을 암시한다.

● 신발을 잃어버린 꿈
자신의 직위를 상실하게 된다. 진행하고 있는 일의 성과가 없는 상태에서 다른 사람에게 드러날 징조다.

● 애인에게 받은 선물을 잃어버리는 꿈
둘 사이가 멀어질 수 있음을 경고하는 꿈이다.

● 지갑을 도둑맞거나 잃어버리는 꿈
재물이나 권리의 손실이 발생하고, 경영하는 일이 순탄치 못해서 곤란과 장애를 치르며, 부부나 연인과의 사이에 불화, 갈등 내지 다툼이 생기게 된다.

행동 · 사건

● 누군가와 함께 자는 꿈

스스로는 아무것도 하지 않은 채 누군가
가 구해줄 것을 기다리고 있어서는
안 된다는 것을 경고하는 꿈이다.

● 술에 취해서 몸을 가누지 못하고 아무 데나 쓰러져
자는 꿈

건강에 이상이 생기거나 재물을 잃게 되고, 대인 관계
에 있어서 어려움을 겪게 될 암시다.

● 새우잠을 자는 꿈

하는 일마다 불안초조하다. 실수, 실패, 불안정 등의
불운이 닥친다.

● 아는 사람이 잠자고 있는 것을 본 꿈

그 사람의 신상에 좋지 않은 일이 생길 징조다. 만약
깨워도 잠에서 깨어나지 않았다면, 특히 질병이나 사
고 등을 조심하도록 해야 한다.

행동·사건

● 친구나 가족 중 누가 자고 있는 꿈

그 사람의 신상에 변화가 있음을 나타낸다. 불러도 깨지 않는다면 어려운 상황에 처해 있음을 뜻한다.

전쟁

● 싸움이나 전쟁 등에서 패배를 하여 괴로움을 겪게 되는 꿈

사업이 실패하거나 추진하던 일, 또는 경쟁 등에서 일 처리가 제대로 되지 않아 굴욕감이나 불쾌감 등을 느끼게 된다.

● 전쟁에서 패하는 꿈

사업이나 어떤 일 등이 실패로 돌아가게 된다.

● 전쟁이 치열하게 전개되는 꿈

전쟁이 치열하면 할수록 사업이나 추 진하는 일이 복잡해진다. 또한 난관에 부딪혀 곤란을 겪게 된다.

행동 · 사건

정리하다

● 방 안이 지저분해서 아무리 정리를 해도 끝나지 않는 꿈

분명한 주관과 태도를 가지라는 경고다. 복잡한 마음 상태를 나타내는 꿈으로서 빨리 생각을 정리하지 않으면 불이익을 당할 수도 있다.

죽다

● 가까운 친척 중에 누군가가 죽었는데도 무덤덤하게 받아들여지는 꿈

갑자기 생긴 돈이나 재물 등을 당연한 일로 여기는 상황이 생긴다.

● 아는 사람이 죽었다는 소식을 듣고 슬퍼하는 꿈

평소 그 사람과 적대적인 감정이 있었던 경우, 그 사람과의 관계가 끊어지거나, 그 사람이 아예 사라져서 다시는 보지 않게 됐으면 하고 바라던 소망이 이런 꿈으로 나타난 것이다.

행동 · 사건

● 갑자기 자신에게 사납고 큰 동물이 달려드는 것을
단칼에 죽이는 꿈
태아가 유산될 것이다. 태어난다 하더라도 요절하게
될 것이다.

● 상대방을 죽였는데 죽지 않고 살아나서 자신을 쫓아
오는 꿈
끝냈던 일이 완전히 이루어지지 않아 곤란한 상황을
맞게 된다. 또는 해결할 문제나 성사시켜야 할 일이
실패하여 정신적으로 고통을 받게 된다.

● 자신과 가까운 사람이나 동물을 죽이고 양심의 가책
을 받아 불안해한 꿈
어떤 일을 성취하더라도 뒤처리를 잘하지 못해 상대
방이 자신을 불신하게 된다.

● 죽음 직전에서 살려 달라고 애원하는 적을 살려주
는 꿈
자신에게 몸과 마음으로 해를 끼친 사람을 용서하거나,

행동 · 사건

저질러진 잘못에 대해서 자신이 연대책임을 지게 된다.

질투하다

● 현실에서 라이벌 관계에 있는 상대방을 시기하고 질
투하는 꿈
불쾌감을 느끼게 되고, 어떤 일에 있어 불만이나 불안,
패배의식 등을 갖게 된다.

쫓기다

● 낯선 사람이 자신을 계속 미행하는 것 같아 불안했
던 꿈
꿈속에서 끊임없이 뒤를 따라붙는 낯선 사람은 바로
자기 자신이다. 자기 자신을 극복할 필요가 있다. 스
스로에게 솔직해질 필요도 있다.

● 누군가에게 쫓겨 다니다가 숨는 꿈
끊임없이 자신을 괴롭히는 문제나 암울한
현실 상황으로부터 도피하고 싶다는 심
리가 표출된 꿈이다. 또한 근본적인 해

행동·사건

결책을 찾지 않고 그때그때 상황을 넘기고 있는 데 대한 내면으로부터의 경고다. 또 이런 꿈을 자주 꾼다면 현실 속에서 극도로 불안감에 빠져 있다는 증거다. 자신감을 가지고 불안감을 다스리도록 해야 한다. 그러나 자신을 쫓고 있는 사람이 누구인지를 알게 되면 더 이상 이런 꿈을 꾸지 않게 된다.

● 누군가에게 쫓기면서 숨을 곳을 찾는데 도무지 숨을 곳이 없어서 절박했던 꿈
자신에게 닥친 문제를 정면으로 맞서서 근본적인 해결책을 찾지 않는 한 도저히 벗어날 수 없다는 경고의 꿈이다.

● 사람을 죽이고 경찰에게 쫓기는 꿈
뭔가 해놓은 일이 불안하고 심리적으로 안정되지 않았을 때 꾸는 꿈이다. 또는 시험에 불합격되거나 일이 수포로 돌아갈 징조다.

● 칼을 들고 덤비는 강도에게 쫓기는 꿈
진행하고 있는 일이 중단되거나 위태로운 상태에 빠

져 해결책을 찾기 위해 동분서주할 징조의 꿈이다.

쫓다

● 누군가를 때리려고 뒤쫓아 가는 꿈
정성을 다해 일하지만 아무런 성과를 얻지 못할 수 있다.

● 자신이 누군가를 쫓는 꿈
현실에서 이루려는 소원이나 계획하는 일에 있어 다급히 추진하게 된다. 그러나 강력하게 밀어붙이지만 뜻한 만큼 잘되지 않거나 원하는 결과를 얻지 못하게 될 것이다.

찌르다

● 물고기를 창칼이나 막대기, 송곳 따위로 찌르는 꿈
질병이 생기거나 몸을 다치거나 우환이 발생하게 된다.

● 상대방이 송곳으로 몸을 쿡쿡 찌르는 꿈

채무 관계, 수술, 사고, 질병 등이 발생한다.

춤추다

● 배 위에서 춤추고 노래 부르는 꿈
가까운 사람과 공공연하게 다툴 일이
있을 징조다.

● 상대방이 흥겹게 노래를 부르며 춤을 추는 것을 본 꿈
상대방이 공식적인 통로를 통해 자신을 공박할 일이
생길 것을 암시한다.

칠하다

● 벽의 색을 바꿔 칠하는 꿈
자주 꾸면 자신의 환경을 변경해볼 필
요가 있다. 그렇지 않으면 자신의 주
위와 어떤 문제로 충돌할 가능성이
있음을 나타낸다.

행동 · 사건

키스하다

● 인사 형식의 간단한 키스를 한 꿈
실제 상대방에게 맹세하거나 복종할 일이 생길 징조다.

파다

● 뒤뜰의 땅을 파고 있는 꿈
변태적인 성애를 상징하는 꿈이다. 또
는 떳떳치 못한 비밀스런 성적
욕구를 의미하기도 한다.

● 사무실 바닥을 삽으로 파고 있었던 꿈
주변 사람들과 불화가 생길 것이다. 직장 동료나 상사,
부하직원 등 직장 사람과 대립하거나 싸우게 된다. 또
는 자신에게 적대감을 가지고 험담을 하는 사람이 있
을 수 있으니 조심하는 것이 좋겠다.

● 연못을 만들기 위해 땅을 파는 꿈
후회할 일이 생길 것이다. 미혼 남녀가 이런 꿈을 꾸
면 근심 걱정이 생긴다.

행동·사건

팔다

● 가구를 파는 꿈
금전적인 면에서 타격을 입게 된다.

● 돼지를 파는 꿈
물건을 잃어버리거나, 남에게 일거리를 빼앗기게 된다.

● 소나 집을 다른 사람에게 파는 꿈
사업체를 잃거나, 배우자와 이별하게 될 징조다.

포옹하다

● 남녀가 포옹하는 꿈
뜻밖의 일로 힘들고 어려운 일이
생겨 고민하게 된다. 혹은 결합,
상봉 등을 암시한다.

● 누군지 모르는 갓난아기를 안는 꿈
힘에 겨운 일에 부딪치고, 몸과 마음이 고생을 하게
되며, 고민거리가 생긴다.

행동 · 사건

- 사랑하는 사람과 포옹을 하는 꿈

벅차고 어려운 일이 생겨 고민하게 된다.

화내다

- 무슨 이유에서인지 자신은 모르고 있는데 상대방이 자신에게 화를 내고 있는 꿈

자신의 어떠한 잘못된 행동이나 일 처리에 대한 경고의 꿈이다. 자기도 깨닫지 못하는 사이에 무슨 잘못된 행동을 하고 있지 않나 잘 생각해볼 필요가 있다. 계속해서 지금과 같은 잘못된 행동이나 일 처리를 하게 된다면 조만간 좋지 않은 일을 당할 수도 있다.

화장하다

- 누군가가 거울 앞에 앉아 정성들여 화장하고 있는 것을 본 꿈

꿈속에서 화장하는 그 인물은 바로 자신을 속이려는 사람이다. 평소에 알던 사람이라면 그 사람을 경계해야 할 것이다. 만일 꿈속의 사람이 모르는 사람

이었다면 주변에 혹시 위험인물이 없는지 잘 생각해
보고 주의해야 한다.

● 친구가 짙은 화장을 한 것을 보는 꿈
친구로 상징되는 어떤 인물에게 자신의 자리나 직위,
지휘권 등을 빼앗기거나, 사업체 명의나 간판 등이 바
뀌게 된다.

● 화장을 한다고 하면서 얼굴에 하얀 밀가루를 바르
는 꿈
열등감에서 비롯된 지나친 자기 포장, 과장 등을 경고
하는 꿈이다. 허세를 부리다가 오히려 망신만 당할 수
가 있다. 거울 속에 비친 밀가루를 덮어쓴 하얀 얼굴
이 생생하게 기억에 남았다면 건강에 이상이 생겼다
는 신호로도 받아들인다.

● 화장이 잘되지 않아 애를 먹는 꿈
겉으로 드러나는 자신의 모습과 본래의 솔직한 자기
자신 사이에서 갈등하고 있다는 것을 나타내는 꿈이다.
좀 더 솔직해질 것을 촉구하는 꿈이기도 하다.

● 누군가 자신의 물건을 훔쳐가는 꿈

자신의 지위나 명성을 잃거나 재물을 탕진
하게 된다.

● 아는 사람의 물건을 훔치는 꿈

그 사람과의 사이가 안 좋아진다. 헤어질 수도 있다.

● 자신이 남의 물건이나 돈을 훔치려다 실패하는 꿈

사업, 추진 중인 일이 좌절되어 당분간 곤란한 상황에
놓이게 될 것을 예시한다.

행동 · 사건

부록 1

태몽으로 태어날 아이에게
닥칠 불행을 점친다

태몽은 태아의 성별뿐 아니라 성격, 수명, 장래 신분이나 직업 등을 예지해낸다. 또는 임신 시기에 대한 암시를 주기도 한다. 특히 어떤 목적물을 찾거나 목적지로 가기 위해 이리저리 헤매는 꿈은 아직 임신하기까지는 멀었다는 것을 암시다.

태몽은 꿈을 꾼 사람이 경험하게 되는 것이 아니라 태아가 겪을 일을 대신 꿈을 꾸어 준 것이다. 때문에 꿈이 어떻게 전개되는가에 따라서, 꿈의 내용에 따라서 태아에게 일어날 일을 미리 알 수 있게 된다.

- 과일을 깨물어 먹는 꿈
  (출산을 하더라도 아이가 요절하게 됨)
- 누군가에게 걷어차이는 꿈
- 누군가에게 태아의 표상물을 빼앗기는 꿈
- 동물이 자기를 향해 달려들다가 되돌아
  가는 꿈
- 밭에서 무를 뽑아 깨물어 먹는 꿈
- 용이 공중을 날아 구름 속으로 들어가
  어디론가 사라지는 꿈
- 용이 구름 속에서 눈을 부라리며 빗방울을 떨어뜨
  리는 꿈
- 자기의 몸에 닿은 태아의 표상물을 밀쳐버리거나
  피하는 꿈
- 지나가는 길에 곤충류를 발로 밟아 죽이는 꿈
- 태아의 표상물이 형체가 망가져 있거나 그 행방을
  모르는 꿈 (태아가 불구인 경우도 있다)

요절

- 과일이나 열매 등이 썩거나 상처가 나 있는 꿈(태아가 불구인 경우도 있다)
- 꽃이 시들거나, 꽃을 꺾는 꿈
- 동물, 새, 물고기 등을 품에 안았다가 떨어뜨려 죽이는 꿈
- 물고기나 짐승이 죽어가는 것을 보는 꿈
- 뱀이 구멍으로 들어가 사라지는 꿈
- 뱀을 밟아 죽이는 꿈
- 병아리가 물에 빠져 죽는 꿈 (아이가 익사할 것을 암시한다)
- 손이나 품안에 들어왔던 태아의 표상물을 잃어버린 채 찾지 못하는 꿈
- 용이 나자빠져 있는 꿈 (혹은 아이가 패륜아가 된다)
- 용이나 뱀, 구렁이, 날짐승 등이 승천하다가 땅으로 떨어져 바닥에서 허우적거리는 꿈

- 호랑이가 집에 왔다가 사라지는 꿈 (혹은 자라나서 크게 좌절할 일이 있게 된다)

- 누런 암소가 검은 송아지나 흰 송아지를 낳는 등 어미가 색깔이 다른 새끼를 낳는 꿈
- 새, 물고기 등이 아스라이 보이는 꿈
- 유리창을 통하여 안을 들여다보는 꿈
- 자기 집 안이나 방 안에 들어와 있던 동물이 밖으로 나가 어딘가로 사라지는 꿈
- 태아의 표상물을 다른 사람에게 주는 꿈

- 땅에 있는 용을 보는 꿈
  아이가 재능은 있으나 끝내 포부를 펼치지 못한다. 또한 재능을 발휘하지 못할 것이다.

● 방 안에서 헤매는 용을 본 꿈

아이가 초년에는 크게 성공하지만, 결국 큰 뜻을 이루지 못하고 중도에서 실패하고 만다.

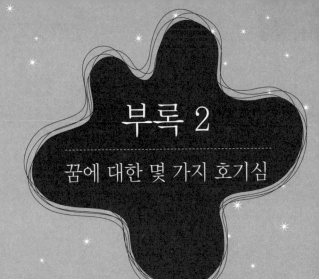

부록 2

꿈에 대한 몇 가지 호기심

꿈은 반대다?

'꿈은 반대로 해야 한다' 는 것은 일부분의 해몽의 경우에 있어서나 들어맞을 수 있는 말로 극히 위험스럽고 잘못된 속설이다. 반대로 해석하는 경우라 하더라도 상징적이고 역설적인 의미를 담고 있다. 예를 들어 자신이 죽는 꿈을 꿨다면 현재의 상황에서 벗어나 새로운 세계로 나아감을 상징하는 것이다. 또한 꿈속에서 느꼈던 기분이 좋지 않았다면 현실에서 불행한 일을 겪게 된다.

동물도 꿈을 꿀까?

사람은 자리에 누워 잠을 자게 되면서 여러 단계의 수면 상태를 거치게 된다. 꿈은 바로 이중에서 렘 (REM)수면 상태에서 꾸게 된다. 따라서 개와 고양이, 고릴라처럼 렘수면 상태를 거치는 동물은 꿈을 꾼다. 그러나 두더지처럼 진화 초기 단계부터 지구상에 살아온 이 동물들은 꿈을 꾸지 않는다.

칼라로 꾼 꿈이 더 중요할까?

어부의 꿈에 바다나 고기가 자주 등장하듯이 색채감
이 뛰어난 사람이나 색채를 다루는 직종에 있는 사
람들이 보다 칼라로 꿈을 꾸기도 한다. 따라서 꿈이
칼라라고 해서 반드시 더 중요한 것은 아니다.

어린아이의 꿈은 개꿈이다?

꿈은 어린 아이 뿐만 아니라, 어느 누구에게나 예지될 수 있다. 또한 꿈은 정신이 깨끗하고 예민한 사람들이 많이 꾼다. 따라서 세상에 대한 선입견이 없는 어린아이들은 꿈이 전하는 메시지를 가장 선명하게 받아들일 수 있다. 실제로 다섯 살짜리가 꿈에서 돼지를 봤다는 소리를 듣고 복권을 산 후 1등에 당첨된 사례도 있다. 또한 꿈을 안 꾸던 사람도 운명적인 사건을 앞두고 있는 시점에서 꿈을 꾸게 될 수도 있다. 즉, 꿈에서 중요한 것은 얼마나 생생했는가의 문제이지 나이 성별 학력 직업 등의 여부와는 아무런 상관이 없다.

꿈을 아침에 말하면 안 된다?

꿈이 현실로 이루어지기 전에 말을 하면 무의미하게 된다는 식의 말이 있다. 또 오후가 되기 전에 남에게 이야기하면 효력이 없다는 말도 있다. 하지만 이는 모두 근거 없는 낭설이다. 꿈은 한 번 꾸면 반드시 현실화된다. 따라서 아침에 꿈 이야기를 하든 안 하든 그것은 중요하지 않다. 오히려 꿈을 꿨는데 이상하게 기억에 남는다면 주변에 이야기를 해서 조언을 구하는 것이 좋겠다.

맹인은 어떤 꿈을 꿀까?

꿈은 보는 것 외에 듣는 것, 냄새 맡는 것, 만지는 것 등으로 전개되기도 한다. 따라서 선천적 맹인은 시각적인 표상보다, 청각이나 촉각 등의 이미지로 꿈의 표상이 전개된다. 성장 과정에서 장님이 된 경우 물론 시각적인 꿈을 꾸는 것이 가능하다.